Schlamm- und Khaki

-Skizzen aus Flandern und Frankreich

Vernon Bartlett

Writat

Diese Ausgabe erschien im Jahr 2024

ISBN: 9789359943435

Herausgegeben von
Writat
E-Mail: info@writat.com

Inhalt

APOLOGIE

Es wurde so viel über die Schützengräben geschrieben, es gibt so viele Kriegsfotos, so viele Kinofilme, dass man durchaus zögern könnte, den Krieg überhaupt zu erwähnen – ich fürchte, der Versuch, ein Buch darüber zu schreiben, stößt auf Kritik von den vielen, die es satt haben, von Bomben und Kugeln zu hören, und die lieber über Frieden, Spiele und Flirts lesen.

Aber gerade deshalb wage ich zu glauben, dass selbst ein so mittelmäßiges Kriegsbuch wie meines nicht ganz schaden wird. Wenn die mageren Jahre vorbei sind, wenn das Gewehr rostet und die Khakijacke in einem abgelegenen Schrank verstaut wird, besteht die große Gefahr, dass die Strapazen der Männer in den Schützengräben zu schnell vergessen werden. Wenn irgendetwas auf diesen Seiten auch nur im Geringsten dazu beitragen sollte, den Menschen klarzumachen, was Krieg wirklich ist, und sie an ihre Dankbarkeit zu erinnern, dann haben diese kleinen Skizzen ihre Existenz gerechtfertigt.

Außerdem bin ich nicht allein für dieses kleine Buch verantwortlich. Vor nicht allzu langer Zeit traf ich einen Mann – fit, ledig und jung –, der anfing, über die Nöte seines „Funkholes" in England zu murren und nebenbei die Nöte des Mannes an der Front herabzusetzen. Nachdem ich ihm genau gesagt hatte, was ich von ihm halte, war ich immer noch so empört, dass ich nach Hause kam und begann, ein Buch über die Schützengräben zu schreiben. Daher *Schlamm und Khaki* . Ihm also lag die Schuld an diesem kleinen Schrecken des Krieges. Ich wasche meine Hände davon.

Und ich versuche, ihm die Schuld zuzuschieben, denn mir ist klar, dass ich mir eine unmögliche Aufgabe vorgenommen habe – die geübteste Feder kann keine wahre Vorstellung vom Leben an der Front vermitteln, da es keine Worte gibt, um den Krieg zu beschreiben. Sogar Sie, die Sie Ihre Männer und Brüder, Ihre Väter und Söhne verloren haben, können sich nur eine vage Vorstellung von den grausamen, durstigen Klauen machen, denen sie zum Opfer fielen. Zuerst müssen Sie die zerstörten Hütten in Frankreich und Belgien sehen, die Art und Weise, wie die Frauen sich im brennenden Ypern an ihre Häuser klammerten, die langen Ströme von Flüchtlingen, die ihre armen kleinen Laren *und Penaten* , ihre mageren Schätze, auf Lastwagen und Handkarren transportierten; Zuerst müssen Sie den heiteren Witzen lauschen, die der Todesengel auf den Lippen der Soldaten findet, den Liedern, die Ihnen auf den verbissenen Märschen durch Dunkelheit und Schlamm Mut machen, den Gesprächen während der langen Nächte, wenn sich die Männer um das Kohlenfeuer versammeln und an ihre Frauen und

Kinder daheim denken, an die finsteren Straßen im East End, an die ruhigen Landgasthöfe, in denen sich die Bauern abends versammeln.

Worte können also kein genaues Bild dieser Dinge vermitteln, aber sie können helfen, Ihre Eindrücke zu färben. Gott bewahre, dass die Autoren von Büchern, indem sie die Schrecken des Krieges erzählen, die Menschen zu Hause zu Pessimisten machen! Gott bewahre, dass sie die Gefahren und Härten herabwürdigen und so „Tommy" etwas von dem Ruhm nehmen, der ihm für all das, was er für das Vaterland erlitten hat, gebührt! Es gibt einen guten Mittelweg – die Männer an der Front haben ihn gefunden; sie wissen, dass der Tod nahe ist, aber sie können immer noch lachen und singen.

In diesen Skizzen und Geschichten habe ich versucht, diesen guten Mittelweg beizubehalten, was mir allerdings nicht sehr gelungen ist. Wenn die Bilder im Vergleich zu den vielen anderen und weitaus besseren Werken zum gleichen Thema sehr schwach gestaltet sind, denken Sie daran, lieber Leser, dass die Absicht gut ist, und akzeptieren Sie diese Entschuldigung für die Zeitverschwendung.

Einige dieser Skizzen und Artikel sind bereits anderswo erschienen. Mein größter Dank gilt den Herausgebern der *Daily Mail* und des *Daily Mirror für ihre freundliche Erlaubnis, mehrere Skizzen, die in gekürzter Form in ihren Zeitungen erschienen, zu veröffentlichen. Ich bin auch dem Herausgeber von Cassell's Storyteller* dankbar für seine Erlaubnis, „The Knut" zu reproduzieren, das erstmals in dieser Zeitschrift gedruckt wurde.

BARTLETT, DU BIST MEIN HELD.

ICH

IM KRANKENHAUS

Dicht hinter den Schützengräben am Ypernvorsprung steht ein Teil der „Chapel Farm" – der Rest wurde von den vielen Hunderten Männern, die dort vorbeikamen, schon lange in den Schlamm getreten. Von der Ruine sind noch so viele übrig, dass Sie den ursprünglichen Grundriss des Ortes nachzeichnen können – ein Haus und zwei Scheunen, die sich an drei Seiten um den Bauernhof erstrecken, der stinkend, übel und schrecklich ist.

Es ist ein wenig einladender Ort, denn in der Nähe liegen die Überreste einer toten Kuh, die vor langer Zeit von einer Arbeitsgruppe, die es eilig hatte, nach Hause zu kommen, oberflächlich begraben wurde; Aber die Farm zeichnet sich dadurch aus, dass man beim Umgehen der Nordseite des Gebäudes außer Sichtweite und in Sicherheit ist, und dass man beim Umgehen der Südseite vom Feind gesehen werden kann und mit Sicherheit beschossen wird.

Wenn Sie jedoch beschossen werden müssen, können Sie einen schlechteren Ort wählen, denn dort fliegen die Kugeln im Allgemeinen tief, und es gibt einen Keller, in den Sie getragen werden können – ein schmutziger Ort, an dem es von Ratten, feuchtem Stroh und fleckigen Lumpen wimmelt , denn der Ort diente einst als Umkleidekabine. Aber es ist immer noch überdacht und intakt, und sechs kleine Stufen führen hinauf zum Hof.

Und eines Tages, als ich eine Gruppe Männer zum „Müllplatz" führte, um Munition zu holen, war ich erstaunt, die bekannten Klänge von „Gilbert the Filbert" aus dieser verlassenen Ruine zu hören. Der Sänger hatte eine schöne Stimme, und er sang seinen Gesang so glücklich, als wäre er sicher zu Hause in England, ohne Sorgen oder Probleme auf der Welt. Zusammen mit einem Sergeant machte ich mich auf die Suche. Während unsere Stiefel auf dem Kopfsteinpflaster des Hofes klapperten, ertönte ein Lärm im Keller, ein Kopf steckte im Eingang in die Höhe und ich wurde mit einem fröhlichen „Guten Morgen, Herr Herr" begrüßt.

Wir krochen die Stufen in die Hütte hinunter, um die Geschichte des Sängers zu erfahren. Es handelte sich um einen Mann aus einem anderen Regiment, der von seinem Unterstand heruntergekommen war, um „nach ein oder zwei Spucken herumzuschnüffeln". Der deutsche Scharfschütze hatte ihn am Knöchel „eingeschlagen", und er war – immer noch mit seinem Sandsack voller „Knollen" – in den Keller gekrochen, um zu warten, bis jemand vorbeikam. „Ich habe nichts anderes zu tun, als zu warten", schloss er, „und wenn ich warten müsste, könnte ich genauso gut scherzhaft einen blühenden

Kanarienvogel spielen wie eine Eule wie ein Kind, was los ist." Lege dich auf ihn.

Wir holten etwas Wasser aus der knarrenden alten Pumpe und zogen ihm seinen „ersten Feldverband" aus, den er sich sowieso um das Bein gewickelt hatte. Zu meiner Überraschung – denn er war so fröhlich, dass ich dachte, er hätte nur einen Kratzer – stellte ich fest, dass sein Knöchel stark zerschmettert war und dass ein Teil seines Stiefels und seiner Socke direkt in die Wunde getrieben worden war.

„Ja, es tat ein bisschen weh, als ich versuchte zu laufen", sagte er, als ich seine Überraschung zum Ausdruck brachte. „Das ist der Scherz und das Beste daran. Es ist mir egal, ob es so schmerzt, denn es bedeutet auf jeden Fall ‚Blighty' und Trost für mich."

Und das ist genau der Geist der Krankenhäuser – die Freude an Komfort und Ruhe überwiegt den Schmerz und die Operation. Wenn man bedenkt, dass es immer noch Menschen gibt, die denken, Krankenhäuser seien zwangsläufig traurig und deprimierend! Selbst die Kinderstationen des Londoner Krankenhauses sind das nicht, denn wenn man die Bettenreihen hinunterblickt, sieht man in den armen, kleinen, verkniffenen Gesichtern Überraschung und Glück – Überraschung, dass alles sauber und weiß ist und dass sie lügen zwischen richtigen Blättern; Glück, dass sie freundlich behandelt werden und dass es keine harten Worte gibt. Was ein Militärkrankenhaus betrifft: Während der Krieg die Welt verwüstet, gibt es keinen Ort, an dem es mehr Frieden und Zufriedenheit gibt.

Ein Krankenhaus zum Beispiel ist der schönste Ort, um Weihnachten zu verbringen. Etwa eine Woche vor dem Fest hört man geheimnisvolles Flüstern in den Ecken, heimliches Schreiben in Notizbüchern und das Klirren von Kupfermünzen. Dann, am nächsten Tag, kommt ein Karren vor die Tür und lädt eine Ladung Efeu, Stechpalmen und Mistelzweige ab. Die Männer haben alle einen Sparvertrag für Dekorationen für ihr vorübergehendes Heim abgeschlossen und machen sich wie Kinder an die Arbeit – denn wo findet man Kinder, die jünger sind als die „Tommies"? Sogar die Stationen, in denen es nur „Feldbetten" gibt, sind dekoriert, und die Männer liegen im Bett und beobachten die Eindringlinge aus anderen Stationen, die hereinkommen und den Ort mit immergrünen Pflanzen übersäen. Es gibt eine Station, in der ein Mann im Sterben liegt, der an Krebs erkrankt ist – auch hier kommen sie, machen unbeholfene Versuche, auf Zehenspitzen zu gehen, und lächeln aufmunternd, während sie den Mistelzweig an der elektrischen Lampe über seinem Bett aufhängen.

Und schließlich ist der große Tag da. Es gibt Geschenke für alle und eine Kleiepastete, aus der sie nacheinander geheimnisvolle, in braunes Papier eingewickelte Päckchen herausziehen. Und die Freude, wenn sie sie aufmachen! Es gibt Brettspiele und Tabakpäckchen, Schreibblöcke und Zigarettenschachteln, billige Füllfederhalter, die der Oberschwester fast graue Haare färben werden, und Tüten mit Pralinen. Sie versammeln sich in ihren Stationen und geben ihre Geschenke ab, ihre Augen feucht vor Freude; sie packen ihre Spiele oder ihre Pralinen ein, um sie ihren Frauen nach Hause zu schicken, die Weihnachten in einsamen Landhausküchen verbringen; sie schreiben Briefe an imaginäre Personen, nur aus Freude daran, ihre Schreibblöcke zu benutzen; sie bewundern die Schätze der anderen und tauschen manchmal etwas aus, denn der Mann, der nicht raucht, hat eine Pfeife gezogen, und der Mann dort drüben in der Ecke, der beide Beine verloren hat, hat ein Paar Filzpantoffeln gezogen!

Bevor sie wissen, wo sie sind, ist das Mittagessen fertig, und sie essen, wieder Kinder, weit mehr, als ihnen gut tut, bis die Krankenschwestern ihnen verbieten müssen, noch mehr zu essen. „Nein, Jones", sagen sie, „du kannst keine dritte Portion Pudding essen; du solltest eine Milchdiät machen."

Oh, was für ein Glück! Den ganzen Tag singen und essen und reden sie, bis man vergisst, dass es Krieg und Elend auf der Welt gibt; Wenn der Abend kommt, gehen sie errötet und glücklich zurück in ihre Betten und träumen davon, dass große schwarze Deutsche darauf sitzen, Dutzende Weihnachtspuddings essen und mit jedem einzelnen schwerer werden.

Aber oben in dem kleinen Krankenzimmer sitzt die Mutter mit ihrem Sohn und versucht mit aller Kraft, die Tränen zurückzuhalten. Sie hatten den ganzen Tag die Tür offen, um das Lachen und den Spaß zu hören, und auf dem Tisch neben dem Bett liegen seine Geschenke und das erlesenste Obst und Süßigkeiten. Bis spät in die Nacht bleibt sie dort, hält die Hand ihres Sohnes und erzählt von Weihnachten, als er ein kleiner Junge war. Dann, als sie aufsteht, um zu gehen, dreht der Mann im Bett seinen Kopf in Richtung des armen kleinen Haufens Geschenke. „Die nimmst du lieber, Mutter", sagt er. „Sie werden mir nicht viel nützen. Aber es ist das schönste Weihnachten, das ich je hatte." Und die arme Frau verliert allen Mut, und sie beugt sich unter dem Mistelzweig nach vorne und küsst ihn, küsst ihn, während ihr die Tränen über das Gesicht strömen.

Am aufregendsten sind die Lazarette in der Nähe der Schusslinie. Sie sind überfüllt, und die ganze Nacht lang stolpern Frischverwundete herein, der Schlamm verkrustet an ihren Uniformen und ihre Verbände sind mit dunklen Flecken bedeckt. In einer Ecke stöhnt ein Mann unaufhörlich: „Oh, mein Kopf ... Gott! Oh, mein armer Kopf!" und man hört das Gemurmel und Gelächter der Deliriumskranken.

Aber wenn der Schmerz hier am größten ist, ist die Erleichterung am größten. Diese Männer haben monatelang in der Hölle gelebt, und jetzt wurden sie aus all dem herausgeholt. Ein Mann, der aus einem Kohlenbergwerk gerettet wurde, um zu ersticken, murrt nicht, wenn er Zahnschmerzen hat; ein Mann, der aus den Schützengräben und dem Tod kommt, klagt nicht über die Qualen seiner Wunde – er lächelt, weil er sich endlich in einer angenehmen Umgebung befindet.

Außerdem gibt es ein großes Gefühl der Erwartung und Hoffnung, denn am Morgen soll ein Konvoi kommen, und alle sollen zum Stützpunkt geschickt werden – alle außer den Männern, die zu krank sind, um transportiert zu werden, und den beiden Männern, die ... sind in der Nacht gestorben, deren Betten durch rote Fliegengitter abgesperrt sind. Die „Cotcases" werden vorsichtig auf Tragen gehoben, ihre Habseligkeiten werden unter die Kissen gepackt und zu den Krankenwagen getragen, während die „Walking Cases" durch die Stationen wandern und darauf warten, dass sie an die Reihe kommen. Sie schauen zum fünfzigsten Mal in ihre Rucksäcke, um sicherzustellen, dass nichts da ist; sie lehnen sich aus dem Fenster und sehen zu, wie der Krankenwagen zum Bahnhof rollt; Sie halten jeden Pfleger an, der vorbeikommt, und fragen, ob sie nicht vergessen wurden oder ob im Zug Platz für sie ist. Sie knüpfen neue Bekanntschaften oder entdecken alte. Ein Mann trifft einen lange verlorenen Freund mit einem riesigen weißen Verband um den Hals. „Hallo, du armer Teufel", sagt er, „wie hast du es so in den Hals bekommen? War es eine Kugel oder ein Granatenstück?" Der andere flucht und gesteht, dass er überhaupt nicht getroffen wurde, sondern unter Furunkeln leidet.

Denn auf dem Stützpunkt werden Verwundete und Kranke aller Art eingeliefert – Männer, die ein Glied verloren haben, und Männer, die nur eine winzige Abschürfung haben; Männer, die vor Schmerzen verrückt sind, und Männer, die sich ein neues Gebiss holen müssen; Männer mit Lungenentzündung und Männer mit Krätze. Erst wenn das Schiff nach England ablegt, können die Fälle geklärt werden. Erst dann gibt es Anzeichen von Neid, und die Männer, deren Wunden nicht schlimm genug sind, um sie nach „Blighty" zurückzubringen, fluchen, weil die Kugel nicht tiefer eingedrungen ist oder der Splitter den Knochen nicht berührt hat.

Es ist ein wunderbarer Moment für die „Tommies", als sie ihr Genesungsheim in England erreichen. Noch vor weniger als einer Woche stapften viele von ihnen in einem matschigen Graben auf und ab und fragten sich, „warum zum Teufel ist hier überhaupt ein verdammter Krieg?" Noch vor weniger als einer Woche dachten viele von ihnen, England nie wiederzusehen, und jetzt werden sie zu dem alten elisabethanischen Herrenhaus gefahren, das ihr Krankenhaus werden soll.

Als der Krankenwagen vor der Veranda vorfährt, können die Männer sehen, wo früher die Gastgeberin ihre Gäste begrüßte, die Oberin, die mit dem Arzt darauf wartete, sie willkommen zu heißen. Einer nach dem anderen werden sie in die mit Eichenholz getäfelte Halle gebracht, und eine Krankenschwester beugt sich über sie, um ihre Namen, Regimenter und Beschwerden von den kleinen Etiketten abzulesen, die an den Knöpfen ihrer Tunika befestigt sind. Während sie darauf warten, dass sie an die Reihe kommen, schnuppern sie die Luft und seufzen glücklich, sie reden und zwinkern und lächeln an der großen geschnitzten Decke und vergessen in der Freude dieses herrlichen Moments alles, was sie durchgemacht haben.

In einem der Krankenzimmer spielt ein Grammophon „Mother Machree“, und die kleine Krankenschwester, die die Melodie vor sich hin summt, während sie sich über jeden Mann beugt, um sein Etikett zu sehen, sieht eine Träne durch die grauen Bartstoppeln auf einer der Wangen kriechen. Er ist alt und Ire und hatte nicht gehofft, jemals wieder irische Melodien zu hören und schöne Frauen zu sehen. Aber er schämt sich für seine Gefühle und erzählt eine kleine Lüge. „Sicher, und es regnet draußen, Schwester“, sagt er.

Und die Krankenschwester, die den Unterschied zwischen einem Regentropfen und einer Träne kennt – denn stand sie nicht vor fünf Minuten auf der Treppe und bewunderte die Sterne und den Mond? – kennt ihre Rolle gut und spielt sie. „Mir war, als hätte ich gerade den Regen auf die Veranda tropfen hören“, sagt sie, „ich hoffe, Sie armen Männer sind nicht nass geworden“, und wendet sich ihrem nächsten Patienten zu.

Wie sehr sie diese Tage im Krankenhaus lieben! Wie sehr die großen, rauen Männer es lieben, wie Babys behandelt zu werden, gestreichelt und gescholten, herumkommandiert und gelobt zu werden! Wie großartig ist es, die Blumen zu sehen, die Rückkehr der Kräfte zu spüren, Ausflüge und Spaziergänge zu unternehmen und ein Feld zu finden, das nicht von Granateneinschlägen übersät ist! Und wie fröhlich sie alle sind, diese erwachsenen Babys!

Neulich öffnete ich die Tür des Krankenhauses und entdeckte einen „Konvoi“, bestehend aus drei beinlosen und zwei armlosen Männern, die versuchten, sich gegenseitig die sechs niedrigen Stufen hinaufzuhelfen und über ihre Bemühungen vor Lachen schrien. Und einer von ihnen sah das Mitleid auf meinem Gesicht, denn er grinste.

„Mach dir keine Sorgen um uns“, sagte er. „Es wäre mir egal, wenn ich keine Arme, Augen oder Beine hätte, solange ich wieder zu Hause in Blighty wäre.

Warum" – und seine Stimme wurde leiser, als er mich in das Geheimnis einweihte – „seit ich an die Front gegangen bin, ist mir ein kleiner Junge geboren worden, und ich habe noch nicht einmal den kleinen Bettler gesehen. Gott, wir im Krankenhaus sind die Glücklichen, und jeder Kerl, der nicht getötet wird, sollte so glücklich und munter sein wie wir."

Und es ist die Fröhlichkeit all dieser Männer, die das Krankenhaus zu einem wunderschönen Ort macht, denn nirgends findet man mehr Mut und Fröhlichkeit als unter diesen Kerlen mit ihren Krücken und Bandagen.

Es gab nur einen Mann – Bill Stevens – der mutlos und elend wirkte, und wir wunderten uns kaum – er war blind und lag Tag für Tag mit einem Verband um den Kopf im Bett, der einzige Blinde im Krankenhaus. Er war schweigsam und krankhaft und murmelte kaum ein Wort des Dankes, wenn ein Mann auf Krücken durch die Station kam, um ihm einen nichtssagenden Dienst zu erweisen, aber er hatte darum gebeten, in der großen Station bleiben zu dürfen, bis die Zeit gekommen war, in der er in ein spezielles Heim für Männer, die ihr Augenlicht verloren haben, verlegt werden musste. Und die Männer, die ihn hilflos am helllichten Tag umhertappen sahen, verziehen ihm seine Verdrossenheit und hörten auf, sich über seine Mutlosigkeit zu wundern.

Aber auch Bill Stevens sollte sich ändern, denn eines Tages erhielt er einen Brief.

„Was ist der Poststempel?", wollte er wissen.

„Oxford", sagte die Krankenschwester. „Soll ich es Ihnen vorlesen?"

Aber Bill Stevens umklammerte seinen Brief fest und schüttelte den Kopf, und erst zur Mittagszeit erfuhr man mehr davon. Dann rief er die Schwester zu sich, und sie las das kostbare Dokument fast flüsternd, so geheim war es. Private Bill Stevens zupfte nervös an der Bettdecke, während die Schwester die kleinen Liebessätze rezitierte: – Wie ging es dem lieben Bill? Warum hatte er seiner Emily nicht erzählt, was mit ihm los war? Dass sie, Emily, ihn am Nachmittag um vier Uhr besuchen würde und wie schön es sein würde.

„Jetzt sei ruhig und mach dir keine Sorgen", sagte die Schwester, „sonst bist du zu krank, um sie zu sehen. Ich stelle nämlich fest, dass du ziemliches Fieber hast. Worüber hast du denn Sorgen?"

„Sehen Sie, es ist hier so", gestand Bill Stevens. „Ich habe nicht gewagt, ihr zu sagen, dass ich blind bin und dass es nicht fair ist, sie zu bitten, einen hilflosen Kerl zu heiraten. Sie denkt nur, dass ich es ein bisschen draufhabe, und jetzt interessiert sie sich nicht mehr für mich."

"Du brauchst keine Angst zu haben", sagte die Schwester. "Wenn sie überhaupt etwas wert ist, wird sie dich jetzt umso mehr lieben." Und sie deckte ihn zu und sagte ihm, er solle schlafen gehen.

Als Emily dann ankam, traf sie die Schwester und teilte ihr die Neuigkeiten mit. „Du liebst ihn, nicht wahr?", fragte sie, und Emily errötete und lächelte zustimmend unter Tränen.

„Dann", sagte die Schwester, „tun Sie Ihr Bestes, um ihn aufzumuntern. Lassen Sie ihn nicht denken, dass Sie wegen seiner Blindheit traurig sind", und sie nahm das Mädchen mit in die Station, wo Bill Stevens ruhelos und fiebrig wartete.

„Bill, Liebling", sagte Emily. „Ich bin's. Wie geht's dir? Warum hast du diesen Verband an?" Doch lange bevor der arme Bill Worte fand, um ihr die Neuigkeiten mitzuteilen, beugte sie sich über ihn und flüsterte: „Bill, Liebling, ich könnte mir fast wünschen, du wärst blind, sodass du dich auf mich verlassen müsstest. Wenn du nicht so große Schmerzen hättest, würde ich mir wünschen, du wärst blind, wirklich."

Bill stotterte lange und suchte nach Worten, denn seine Freude war zu groß. „Ich bin blind, Em'ly", murmelte er schließlich.

Und die ganze Station schaute weg, als Emily seine Ängste mit einem Kuss wegküsste. Bill Stevens hingegen sang, lachte und redete an diesem Abend so viel, dass die Oberschwester herunterkommen musste, um ihn zu stoppen.

Denn, wie mein beinloser Freund bemerkte: „Wir im Krankenhaus sind die Glücklichen, und jeder Kerl, der nicht getötet wird, sollte genauso glücklich und munter sein wie wir."

II

EIN REZEPT FÜR GENERALE

Jeder ist stets bemüht, sich mit seinem General gut zu stellen. Ich bin dabei auf ein Rezept gestoßen, das meiner Meinung nach für jeden unfehlbar gilt, der Sporen trägt und es auf die eine oder andere Weise schafft, in die Gegenwart dieses verehrten Gentlemans zu gelangen.

Eines Tages saß ich in einem Graben vor meinem Unterstand und aß einen Eintopf aus Bully-Rindfleisch, Rationkeksen und fauligem Wasser. In meinem Unterstand war der Geruch begrabener Männer nicht gerade förderlich für einen guten Appetit; Draußen vergnügte sich irgendein schrecklicher Hunne damit, auf den Sandsack direkt über mir zu schießen und Erdregen über meinen Hals und in mein Essen zu jagen. Erschwerend kommt hinzu, dass sich der Deutsche in der Mittagspause immer besonders störrisch zeigt und dass seine Kugeln, wenn man in den Schützengraben geht, einem scheinbar folgen – ein untrüglicher Instinkt lenkt sie in Richtung Essen. Ein größeres Stück Erde als sonst in meinem Eintopf vernichtete den letzten Rest meiner guten Laune. Um mich vor der Sinnlosigkeit zu warnen, angesichts eines siebzig Meter entfernten Hunnen die Beherrschung zu verlieren, rief ich laut nach meinem Diener.

„Jones", sagte ich, als er heraufkam, „nimm das Zeug weg. Es ist so schlimm wie ein Gasangriff. Ich habe die Nase voll davon. Ich habe die Nase voll von Maconochie, ich habe die Nase voll von dem So." - sogenanntes „frisches" Fleisch, das manchmal auftaucht. Versuchen Sie, mir einen Hasen oder einen Fasan oder etwas in der Art zu besorgen.

„Ja, Sir", sagte Jones und eilte um die Traverse herum, um meinen Eintopf selbst aufzuessen.

Es reicht nie aus, zu sprechen, ohne vorher seine Worte abzuwägen. Das ist eine alte Maxime – ich kann mich an etwas davon in einem meiner ersten Hefte erinnern; aber wie die meisten anderen Maximen wird es im wirklichen Leben nie gelernt. Meine gedankenlose Anspielung auf „Jugged Hare" brachte das Gehirn meines Dieners auf Trab, denn Hasen und Kaninchen waren schon früher hinter der Schusslinie gefangen. Die Hauptschwierigkeit, in das von diesen Tieren heimgesuchte Land zu gelangen, war leicht zu lösen, denn obwohl ein Offizier einem Mann nicht gestatten sollte, einen Graben ohne einen sehr wichtigen Grund zu verlassen, war der Gedanke an neue Kartoffeln auf einem zerstörten Bauernhof etwas oder Kirschen im Obstgarten scheinen im Allgemeinen ein ausreichend wichtiger Grund zu sein, seinen Diener auf einen Plünderungsauftrag zurückzuschicken. So kam es, dass mein Diener, ohne dass ich davon wusste, einen Teil der nächsten drei Tage hinter der Schusslinie auf Großwildjagd verbrachte.

Meine erste Ahnung von Schwierigkeiten bekam ich am Tag, nachdem wir zum Ausruhen zu unseren Unterkünften zurückgekehrt waren, als mir ein Sanitäter eine Nachricht vom Brigadehauptquartier überbrachte. Es lief wie folgt:

„Lieut. Newcombe soll sich heute Nachmittag um 14 Uhr im Brigadehauptquartier melden, um Fakten in Bezug auf seinen Diener, Nr. 6789, Pte. Jones W., zu liefern, der am 7. März hinter der Schusslinie ein Gewehr abgefeuert hat. Aufgrund der großen persönlichen Gefahr, die der Brigadier, Pte Jones' Kompanie, zu diesem Zeitpunkt in den Schützengräben hatte.

„(*Unterzeichnet*) G. MACKINNON ,
„ *Brigademajor* .“

„Jones“, rief ich, „komm und erkläre mir das“, und ich las ihm das belastende Dokument vor.

Das Englisch meines Dieners leidet immer, wenn er nervös ist.

"Nun, Sir", begann er, "es ist hier so passiert. Nach dem, was Sie neulich über Bully Beef gesagt haben, habe ich versucht, einen Rebbit oder einen 'are zu bekommen. Ich habe mehrere gesehen, Sir, aber ich habe nie einen gesehen oder einen verkabelt. Dann, am Freitag, als ich gerade auf einen 'alten 'are schoss, was ich sehe, tauchte ein Offizier auf, einer dieser Stabsjungen. 'Wer sind Sie?', fragte er. Ich sagte ihm, dass ich ein Diener sei und nur versucht hätte, einen 'are für meinen Kerl zu bekommen – entschuldigen Sie, Sir, ich meine meinen Offizier. Dann, nach viel mehr Gerede, sagte er: 'Wissen Sie, dass Sie weg sind und fast 'er der General' geworden wären?' Das ist alles, was ich darüber weiß, Sir. Ich wollte nie 'er der General' sein."

„All das und nicht einmal ein Kaninchen!“, seufzte ich. „Das ist eine ernste Angelegenheit, und Sie hätten es besser wissen müssen, als hinter der Schusslinie Munition abzufeuern. Aber ich werde sehen, was sich tun lässt“, und mein Diener ging ziemlich niedergeschlagen weg, um seinen Kummer in einem Glas sehr milden, sehr unangenehmen belgischen Biers zu ertränken.

Ein oder zwei Stunden später schlenderte ich zur benachbarten Unterkunft, um einen Freund zu treffen und ihm von meinem bevorstehenden Vorstellungsgespräch zu erzählen.

„Du wirst die Hölle erleben“, war sein einziger Trost. Dann, als Nachgedanke, sagte er: „Du solltest besser meine Sporen tragen; sie werden helfen, ihn zu beeindrucken. Ein Sporenklirren lässt sogar deinen Gruß elegant erscheinen."

Und so kam es, dass ich, der ich kein Reiter bin, mit nach innen gerichteten Zehen und einem Paar heller und glänzender Sporen, die so weit wie möglich von den Flanken meines Pferdes weggedreht waren, zum eine Meile entfernten Brigadehauptquartier ritt.

Unzufrieden und unbehaglich wurde ich in das Zimmer des Generals geführt.

„Mr. Newcombe", begann er nach einem ersten Blick auf ein Papier vor ihm, „das ist eine sehr ernste Angelegenheit. Es handelt sich um eine schwere Straftat seitens Private Jones, der, soweit ich weiß, Ihr Diener ist." "

"Jawohl."

„Es ist auch ein Beispiel grober Nachlässigkeit Ihrerseits."

"Jawohl."

„Am letzten Freitag kehrte ich aus den Schützengräben zu Ihrer Rechten zurück, als eine Kugel an meinem Kopf vorbeiflog, die aus der entgegengesetzten Richtung zu den Deutschen kam. Ich habe starke Einwände dagegen, von meinen eigenen Männern direkt hinter den Feuergräben beschossen zu werden , also habe ich Kapitän Neville geschickt, um herauszufinden, wer geschossen hat, und er hat Ihren Diener gefunden.

"Jawohl."

„Nun, können Sie irgendeine Erklärung für dieses außergewöhnliche Ereignis geben?"

Ich habe es nach bestem Wissen erklärt.

„Es ist ein sehr ungewöhnlicher Fall", sagte der General, als ich fertig war. „Ich möchte die Sache nicht weiter verfolgen, da Sie offensichtlich der eigentliche Schuldige sind."

"Jawohl."

„Ich bin sehr unzufrieden damit, und Sie müssen bitte dafür sorgen, dass mehr Disziplin herrscht. Ich gehe nicht gern gegen Offiziere vor, die meinem Kommando unterstehen, also ist die Sache hiermit erledigt. Sie müssen Ihren Diener sehr streng tadeln, und ich wiederhole, ich bin sehr unzufrieden. Sie können gehen, Mr." – hier warf er noch einen Blick auf das Papier vor ihm – „Newcombe. Guten Tag."
Ich habe meine Fersen zu einem sehr eleganten Gruß zusammengezogen ... und meine Sporen fixiert! Einige Sekunden lang stand ich hilflos schwankend vor ihm, dann stürzte ich nach vorne, stützte mich mit beiden Händen auf

seinem Tisch ab und schaffte es schließlich, meine Füße zu trennen. Als ich es wagte, ihn noch einmal anzusehen, um mich zu entschuldigen, sah ich, dass sein Stirnrunzeln verschwunden war und dass sein Mund sich stark zum Lachen bewegte.

„Ich nehme an, Sie sind es nicht gewohnt, Sporen zu tragen, Mr. Newcombe?" sagte er sofort.

Ich errötete fürchterlich und platzte in meiner Verwirrung mit dem Grund heraus, weshalb ich sie anzog. Diesmal lachte er hemmungslos. „Nun, Sie haben mich auf jeden Fall damit beeindruckt." Dann, gerade als ich mich auf den Weg machte, sagte er: „Willst du ein Glas Whisky trinken, Newcombe, bevor du gehst? Neville", rief er dem Stabskapitän im Nebenzimmer zu, „du könntest Andrews bitten, den mitzubringen." Whisky und ein paar Gläser.

„Guten Tag", sagte der General sehr freundlich, als ich mich nach einem vorsichtigen Gruß endlich verabschiedete.

Lassen Sie jeden, der möchte, dieses Rezept ausprobieren, um sich mit einem General anzufreunden. Ich wage jedoch nicht, seine Unfehlbarkeit zu garantieren, da dies ausschließlich vom General selbst abhängt und für diesen keine Regeln und Anweisungen gelten.

III

"DRECK!"

Diejenigen, die in England zu Hause sind und ihre Erfahrungen mit Kriegsbüchern und -fotos, mit Zeppelinangriffen und überfüllten Krankenhäusern gesammelt haben, beginnen zu glauben, sie wüssten alles über den Krieg, was es zu wissen gibt. Die Wahrheit ist, dass sie noch immer wenig Ahnung vom Leben in den Schützengräben haben, und was den Schlamm angeht, sind sie erfreulich unwissend. Sie wissen nicht, was Schlamm ist.

Sie haben von Napoleons „Viertem Element" gelesen, sie haben sich lange Beschreibungen des Schlamms in Flandern und Frankreich angehört, sie haben ungläubig die Augenbrauen hochgezogen, als es um Geschichten über Männer ging, die in den Schützengräben ertrunken sind, sie haben einen flüchtigen Gedanken an Mitleid mit den Soldaten geäußert. da draußen", wie sie in regnerischen Nächten durch die Straßen nach Hause geschlendert sind; Aber sie haben nie verstanden, was Schlamm bedeutet, denn kein Foto kann seine schleimige Tiefe erkennen, und selbst die Feder eines Zola oder eines Victor Hugo könnte keine angemessene Vorstellung davon vermitteln.

Und so wird bis zum Ende des Krieges die alte Geschichte weitergehen — während der Soldat in diesem schrecklichen, saugenden Sumpf herumstolpert und taumelt, wird sich der Pessimist zu Hause in seinem Sessel zurücklehnen und staunen, während er das beobachtet Warum wir nicht mit einer Geschwindigkeit von einer Meile pro Stunde vorankommen, warum wir nicht in Berlin sind und ob unsere Armee überhaupt gut ist. Wenn solch ein Mann wüsste, warum wir nicht auf deutschem Gebiet sind, möge er in einer dunklen Nacht durch den Ententeich des Dorfes gehen und dann in seinen nassen Kleidern mitten auf dem Hof schlafen. Er würde immer noch keine Ahnung von Schlamm und Nässe haben, aber er würde aufhören, sich zu wundern und zu meckern.

Am meisten leidet der Infanterist, denn er muss im Schlamm leben, essen, schlafen und arbeiten. Die Ebene aus schleppendem Schlamm, die sich von der Schweiz bis zum Meer erstreckt, ist weitaus schlimmer als das Feuer der Maschinengewehre oder die großen schwarzen Mörsergranaten, die durch die Luft herabsausen. Es ist schrecklicher als Frost und Regen — man kann nicht einmal mit den Füßen stampfen, um die heimtückische Kälte zu vertreiben, die der Schlamm immer mit sich bringt. Nichts kann ihn von Händen, Gesicht und Kleidung fernhalten; man kann seine Stiefel nicht ausziehen, um sie in den Schützengräben zu trocknen — man muss sich einfach hinlegen, wie man ist, und oft hat man Glück, wenn man zwei leere

Sandsäcke unter sich hat, die einen vor der kalten Umarmung des Sumpfes retten.

Aber während der Schlammabschnitt tagsüber trostlos ist, ist er nachts schockierend. Stellen Sie sich ein Bataillon vor, das in die Schützengräben zieht, um ein anderes Regiment abzulösen. Der Regen prasselt erbarmungslos auf die lange Spur der Männer herab, die in der Dunkelheit über das *Pavé stolpern* . Sie sind alle gut beladen, denn außer seinem Rucksack, seinem Gewehr und seiner Ausrüstung trägt jeder Mann eine Spitzhacke oder einen Sack mit Verpflegung oder ein Bündel Brennholz bei sich. In jedem Moment ertönt der Ruf „rechts bleiben ", und die ganze Kolonne stolpert vom *Pavé* in den tiefen Schlamm am Straßenrand, um einem Krankenwagen oder einem Transportwagen die Durchfahrt zu ermöglichen. Es darf nicht geraucht werden, denn sie sind zu nah am Feind, und man denkt an sechs Tage und sechs Nächte voller Wachsamkeit und Nässe in den Schützengräben.

Jetzt verlässt die gewundene Linie die Straße und kreuzt den Schlamm. Das ist kein Schlamm, wie wir ihn in England kennen – er ist unglaublich rutschig und unglaublich zäh, und jeder schleppende Schritt erfordert eine enorme Anstrengung. Die Männer streiten sich ab oder drängen sich eng zusammen, so dass sie kaum Bewegungsfreiheit haben; sie rutschen aus, stoßen aneinander und fluchen; Sie werden durch kleine Gräben und durch Telefonkabel behindert, die mal ein paar Zentimeter, mal vier bis fünf Fuß über dem Boden verlaufen. Ein Mann stolpert über einen alten Rucksack, der ihm im Weg liegt – Gott allein weiß, wie viele Rucksäcke und wie viele Ausrüstungsgegenstände in der Ebene von Flandern vom Schlamm verschluckt wurden, ein Teil der Ausrüstung der Verwundeten, die weggeworfen wurde Beiseite legen, um die Last zu erleichtern – und als er wieder auf die Beine kommt, ist er eine Schlammmasse, sein Gewehrlauf ist davon verstopft, es ist in seinen Haaren, an seinem Hals, überall. Er taumelt weiter und ist nur dankbar, dass er nicht in ein Granatenloch gefallen ist, wo alles viel schlimmer gewesen wäre.

Gerade als die Männer im Freien darauf warten, dass der führende Zug in den Kommunikationsgraben hinabsteigt, explodiert eine deutsche Sterngranate, und etwas weiter unten an der Linie eröffnet ein Maschinengewehr das Feuer. Während die Fackel hinter dem britischen Graben sinkt, beleuchtet sie die weißen Gesichter der Männer, die alle im Sumpf hocken, während die Kugeln über ihren Köpfen vorbeirauschen, „wie viele Blödmänner".

Und jetzt kommt die eine oder andere Viertelmeile Kommunikationsgraben. Es ist sehr schmal, damit der Feind es betreten kann, und es ist mit Reisig und zerbrochenen Ziegeln gepflastert, und an einer Seite verläuft ein kleiner

Abfluss, der den Boden trocken halten soll. An einer Stelle steigt ein Mann vom Reisig in den Abfluss und fällt kopfüber. Die anderen dahinter haben keine Zeit, sich zurückzuhalten, und in dem schmalen, schwarzen Graben türmt sich ein grotesker Haufen Männer auf. Ein Mann lacht, der Rest flucht, sie rappeln sich wieder auf und stapfen zur Schusslinie.

Hier ist der Schlamm noch schlimmer als auf der Ebene, die sie durchquert haben. Alle Pioniere und alle Grabenpumpen der Welt werden einen Graben nicht einigermaßen trocken halten, wenn es neun von zehn Stunden regnet und der Graben meilenweit der tiefste Teil des Landes ist. Die Männer können nichts anderes tun, als „weiterzumachen" – die Brustwehr muss bei jedem Wetter instand gehalten werden; die Sandsäcke müssen gefüllt werden, egal wie nass und klebrig die Erde ist. Der Schlamm kann einem Mann bei jedem Schritt fast den Stiefel ausziehen – tatsächlich passiert das oft; aber der Mann muss weiter graben, schaufeln und den Graben mit Dosen, Baumstämmen, Ziegeln und Brettern auskleiden, in der Hoffnung, dass er eines Tages genug Bodenbelag in den Graben gelegt hat, um festen Boden unter dem Schlamm zu erreichen.

Das alles ist natürlich nur die Vorstellung des Infanteristen. Aus taktischer Sicht hat Schlamm eine weitaus größere Bedeutung – er ist der unerbittlichste Feind, dem eine Armee gegenüberstehen kann. Selbst ohne Schlamm und ohne Deutsche wäre es eine sehr schwierige Aufgabe, eine Million Männer auf der Flucht zu ernähren und zu versorgen; Mit diesen beiden Beschwerden wird Bewegung fast unmöglich.

Erst wenn man im Winter eine Batterie Feldartillerie in Bewegung gesehen hat, wird einem überhaupt klar, wie enorm wichtig gutes Wetter für den Vormarsch ist. Sie müssen den Pferden dabei zusehen, wie sie sich abmühen und in den Schlamm tauchen, der ihnen fast bis zum Umfang reicht. Sie müssen die schwitzenden, halbnackten Männer sehen, die mit hervorstehenden Adern versuchen, die Räder herumzudrehen; Sie müssen den saugenden Schrei des Schlamms hören, wenn er seinen Halt lockert; Und Sie müssen bedenken, dass dies nur eine Batterie leichter Geschütze ist, die bewegt wird.

Schlamm ist also der große Feind. Es ist also der Schlamm und nicht die fehlerhafte Organisation oder die deutschen Fähigkeiten, die Sie dafür verantwortlich machen müssen, wenn wir nicht so schnell vorankommen, wie Sie es gerne hätten. Selbst wenn wir in einem weiteren Jahr keinen weiteren Meter weiterkommen würden, sollten die Menschen in England nicht entmutigt sein. „Da draußen" stehen wir einem der schlimmsten Feinde gegenüber. Wenn wir nicht oder zu langsam vorankommen, denken Sie daran, dass der Schlamm die Ursache ist – nicht die deutschen Waffen.

IV

DER ÜBERRASCHUNGSANGRIFF

„Fühlen Sie sich wirklich wieder ganz fit für den aktiven Dienst?" fragte der Präsident des Medical Board.

Roger Dymond zögerte nicht ohne Grund mit seiner Antwort, denn Nerven sind schwer zu handhaben. Es ist überraschend, aber wahr, dass man nie einen Mann findet, der Angst hat, wenn er zum ersten Mal unter Beschuss gerät. Tausende haben schon im Vorfeld Angst – Angst, dass sie es „verpassen" werden, wenn es soweit ist, aber wenn sie Männer sehen, die seit Monaten im Einsatz sind und sich bei jeder vorbeifliegenden Granate „ducken", beginnen sie zu denken, was für tapfere Kerle sie sind, und sie fragen sich, was Angst ist. Aber nachdem sie wochenlang in den Schützengräben waren und ihnen klar wird, was eine Granate anrichten kann, beginnen ihre Nerven zu schwinden; sie zucken zusammen, wenn sie einen Gewehrschuss hören, und ducken sich beim Pfeifen einer vorbeifliegenden Granate dicht am Boden zusammen.

So war es auch mit Roger Dymond gewesen. Zu Beginn des Krieges hatte er sich amüsiert – wenn überhaupt jemand diesen schrecklichen Rückzug und diesen schrecklichen Vormarsch genießen konnte. Er war einer der ersten Offiziere gewesen, die das Military Cross für hervorragende Arbeit am Kanal von Givenchy erhielten; er hatte gelacht und gescherzt, während er den ganzen Tag im Freien lag und den Kugeln zuhörte, die „Phh" gegen die wenigen Erdklumpen schlugen, die er mit seinem Schanzwerkzeug aufgerichtet hatte und die den hochtrabenden Namen „Kopfschutz" trugen.

Und dann war eines Tages eine Haubitzengranate in dem Unterstand eingeschlagen, in dem er mit seinen drei Freunden zu Mittag aß. Als die Männer seiner Kompanie die Sandsäcke von ihm wegräumten, war er ein stammelndes Wrack, unverletzt, aber gelähmt und mit dem Blut dreier toter Männer bespritzt.

Jetzt, nach Monaten voller Kampfträume und wahnsinniger Angst, nach Monaten der Massage und Elektrotherapie, wurde er mit der Frage konfrontiert: „Fühlen Sie sich wieder völlig fit für den aktiven Dienst?"

Er hatte es satt, zu Hause zu bleiben und sich scheinbar nicht zu beklagen. Er hatte die leichten Aufgaben bei seinem Reservebataillon satt und wollte wieder an der Front sein, mit den Männern und Offizieren, die er kannte. Und doch, angenommen, ihm gingen wieder die Nerven aus, angenommen, er verlor die Selbstbeherrschung …

Schließlich jedoch blickte er auf. „Ja, Sir", sagte er, „ich fühle mich jetzt zu allem bereit – völlig fit."

Drei Monate später saß der Sanitätsoffizier im Unterstand des Hauptquartiers und sprach mit dem CO.

„Was den alten Dymond angeht", sagte er, „so hätte man ihn nie wieder hierher schicken dürfen. Er hat seinen Teil bereits getan, und sie hätten ihm einen ‚bequemen' Job zu Hause geben sollen, statt einem dieser jungen Stabsburschen" – denn der MO nahm keine Rücksicht auf die Person, und selbst ein „Messinghut" konnte ihn nicht einschüchtern.

„Können Sie ihn nicht weiterschicken?", fragte der CO. „Das ist kein Ort für einen Mann mit Neurasthenie. Gott! Haben Sie gesehen, wie seine Hand gezittert hat, als er gerade hier war?"

"Und jetzt ist er ein totaler Abstinenzler, der arme Teufel", seufzte der Doktor mitleidig, denn er war selbst ein großer Whisky-Fan. "Ich werde ihn morgen mit einer Nachricht zum Verbandsplatz schicken und den RAMC-Leuten dort mitteilen, dass er eine gründliche Veränderung wünscht."

"Gut", sagte der CO. "Es tut mir sehr leid, dass er gehen muss, denn er ist ein wirklich guter Offizier. Aber es lässt sich nicht ändern. Trinken Sie noch etwas, Doc."

Es ist eine schlechte Strategie, das Angebot eines höheren Offiziers abzulehnen, und der Offizier war ein Mann mit Durst, also bediente er sich großzügig. Bevor er das Glas an die Lippen führen konnte, ließ ihn das plötzliche Dröhnen vieler explodierender Granaten aufspringen. „Verdammt!", knurrte er. „Noch ein Hass. Noch mehr Drecksarbeit an der Kreuzung." Und er eilte zu dem kleinen Unterstand, der ihm als Verbandsplatz diente, während sein geliebtes Getränk unberührt auf dem Tisch stand.

Währenddessen kauerte Roger Dymond an der Brustwehr und lauschte den Explosionen um ihn herum. Ölkanister und Minnewerfer-Bomben sausten durch die Luft, Crumps explodierten in großen schwarzen Rauchwolken, Teile von Whizz-Bangs sausten summend vorbei und gruben sich tief in den Boden. Roger Dymond versuchte, seine Zigarette anzuzünden, aber seine Hand zitterte so sehr, dass er das Streichholz kaum halten konnte, und er warf es weg, aus Angst, die Männer könnten sehen, wie er zitterte.

Tausende Menschen haben versucht, das Geräusch einer Granate zu beschreiben, aber niemand kann wissen, wie es ist, es sei denn, er kann sich in einen Schützengraben begeben, um das Original zu hören. Da ist das metallische Tosen der Wellen, die sich kurz vor dem Regen brechen, da ist das Pfeifen des Windes in den Bäumen, da ist das Rumpeln einer riesigen Lokomotive und da ist das scharfe Gegenfeuer eines Autos. Mit jedem anderen unheimlichen Geräusch spürte Roger Dymond, wie seine Macht über sich selbst allmählich nachließ ... nachließ ...

Neben ihm im Schützengraben kauerte Newman, ein Soldat, der früher zu seinem Zug gehört hatte, als dieser schwitzend und halb tot über die glühend heißen Straßen nach Paris stapfte.

„Sie sind viel zu großzügig mit ihren Eisernen Kreuzen und anderen Souvenirs", knurrte dieser ausgezeichnete Kerl. „Ich würde lieber gegen sie kämpfen, so wie wir es auf dem Friedhof in der Nähe von Le Cateau getan haben, nicht wahr, Sir?"

Dymond lächelte krank und zustimmend, und Newman wusste als alter Soldat, was mit seinem Kapitän los war. Er sah zu, wie seine Nerven nach und nach nachließen, aber er wagte nicht, Dymond vorzuschlagen, er solle „krank werden", und er tat das Einzige, was unter diesen Umständen getan werden konnte – er redete, wie er noch nie zuvor gesprochen hatte.

„Gott!" sagte er nach einem langen Monolog, der Ablenkung vom Lärm des Infernos schaffen sollte. „Ich wünschte, wir wären den Teufeln ein bisschen näher, damit sie uns nicht beschießen könnten. Ich würde mich auch gerne um den hässlichen Hals eines Schurken kümmern."

Eine Sekunde später raste eine Granatengranate durch die Luft und fiel auf die Parados in der Nähe der beiden Männer. Es gab eine Pause, dann eine schreckliche Explosion, die Dymond zu Boden schleuderte, und als er fiel, schienen Newmans Worte durch seinen Kopf zu gehen: „Ich wünschte, wir wären den Teufeln ein bisschen näher, damit sie es könnten." Beschieß uns nicht. Einen Moment lang spürte er akutes Entsetzen, dann schien etwas in seinem Gehirn zu brechen, und alles, was folgte, blieb vage, denn Kapitän Roger Dymond wurde verrückt.

Er erinnerte sich, wie er aus dem Graben geklettert war, um den Hunnen so nahe zu kommen, dass sie ihn nicht beschießen konnten; er erinnerte sich daran, wie er lief – jeder rannte, seine eigenen Männer rannten mit ihm und die Deutschen rannten vor ihm davon; Er hatte eine vage Erinnerung daran, wie er einen langen, seltsamen Graben hinunterging und dabei ein Schanzwerkzeug schwang, das er irgendwo aufgehoben hatte; Dann gab es einen großen Blitz und einen schrecklichen Schmerz, und alles war vorbei – der Beschuss war endlich vorbei.

———

Erst als Roger Dymond im Londoner Krankenhaus lag, machte er sich wieder Sorgen. Eines Abends jedoch brachte die Schwester eine Zeitung mit und erwähnte seinen eigenen Namen in einer Liste von neun anderen, die den VC gewonnen hatten. Er las den kleinen Absatz darunter mit größter Verwunderung.

„Wegen auffälliger Tapferkeit", hieß es, „unter sehr schwerem Granatenbeschuss am 26. August 1916. Als Kapitän Dymond sah, dass seine Männer durch das Bombardement demoralisiert wurden, führte er aus eigener Initiative einen Überraschungsangriff gegen die feindlichen Schützengräben durch. Er fanden die Deutschen unvorbereitet vor und eroberten an der Spitze zwei Schützengräben entlang einer Front von zweihundertfünfzig Metern. Kapitän Dymond verlor beide Beine durch Granatenbeschuss, aber seine Männer konnten fast ihr gesamtes Gebiet zurückerobern um es gegen alle Gegenangriffe zu halten.

„Dieser Offizier wurde zu Beginn des Krieges für große Tapferkeit in der Nähe von La Bassée mit dem Militärkreuz ausgezeichnet."

Er beendete den erstaunlichen Artikel und schrieb mit zitternder Handschrift, die er nicht als seine eigene erkennen konnte, einen Brief an das Kriegsministerium, um ihnen ihren Fehler mitzuteilen – dass er in Wirklichkeit vor den Granaten des Feindes geflohen sei – und erhielt als Antwort einen Generalbesuch.

„Mein lieber Freund", sagte er, „das Vietcong wird nie einem Mann verliehen, der es nicht verdient hat. Das einzig Traurige ist, dass so viele Leute es verdienen und es nicht bekommen. Sie haben es verdient und bekommen. Bleiben Sie dabei und schätzen Sie sich verdammt glücklich, dass Sie noch am Leben sind, um es zu tragen. Mehr gibt es dazu nicht zu sagen."

Und dies ist die Geschichte von Captain Roger Dymond, VC, MC. Von den wenigen von uns, die damals dabei waren, gibt es keinen, der ihm das Recht missgönnen würde, diese begehrtesten Buchstaben von allen hinter seinen Namen zu setzen, denn wir waren alle selbst im Artilleriebeschuss und wir alle sahen ihn stürmen und hörten ihn schreien und lachen, als er sich seinen Weg zum Feind bahnte. Der VC, so sagte der General, wird nie einem Mann verliehen, der ihn nicht verdient hat.

V

"PONGO" SIMPSON AUF BOMBEN

„Pongo" Simpson saß vor einem Kohlenbecken und kochte Tee für seinen Hauptmann, als aus den deutschen Schützengräben ein warnendes Klicken ertönte. Instinktiv klappte er den Deckel der Feldflasche zu und suchte Schutz, während die große schwarze Grabenmörsergranate wirbelnd und kurvenreich durch die Luft raste. Sie fiel mit einem dumpfen Knall zu Boden, eine Sekunde lang herrschte Stille, dann folgte eine entsetzliche Explosion. Die Decke des Unterstands, in dem „Pongo" Zuflucht gefunden hatte, sackte bedrohlich ab, der Stützbalken brach und die schwere Schicht aus Erde, Ziegeln und Ästen sackte auf den kauernden Mann herab.

Es dauerte fünf Minuten, ihn auszugraben, und er war dem Ersticken nahe, als sie ihn in den Graben zogen. Einen Moment lang sah er sich verwundert um, und dann erschien ein Lächeln auf seinem Gesicht. „Das ist es, was ich an diesem Leben hier mag, es gibt keinen Grund, sich zu langweilen. Man braucht keine Kinoshows oder Kneipen, man kann sich umsonst amüsieren." Und als er aufstand, wurde das Lächeln durch ein finsteres Gesicht ersetzt. „Ich wette, ich kenne den Kerl, der diese Bombe da losgeschickt hat", knurrte er. „Ich schätze, es ist der alte Fritz, der in dem alten Laden in der Walworth Road rumhing – dem habe ich eine üble halbe Krone untergeschoben. Er hat immer gesagt, wie er sich rächen würde."

Fünf Minuten später hatte er das ramponierte Wrack seiner Feldflasche gegen eine neue ausgetauscht, die Private Adams gehörte, der weiter unten im Schützengraben schlief, und hatte sich daran gemacht, frischen Tee für seinen Captain zu kochen.

„Verdammt komische Dinger, Bomben und solche Sachen", begann er plötzlich. „Man kann ihnen jetzt nicht mehr trauen. Nehmen wir zum Beispiel den alten Sergeant Allen. Er ging nach einem Jahr hier auf Urlaub nach Hause und nahm einen merkwürdigen Zeitzünder aus einer Granate mit, um ihn auf seinen Kaminsims zu legen. Und gleich in der ersten Nacht, als er zu Hause war, fiel das verdammte Ding herunter, als er nicht aufsah, und biss ihn ins Bein, so dass er die ganze Zeit im Krankenhaus verbringen musste. Sie explodieren immer, wenn sie es nicht sollten. Habe ich dir jemals von meinem Bruder Bert erzählt?"

Ein verneinender Chor der anderen Männer, die um das Kohlenbecken herumstanden, ermutigte ihn, weiterzumachen.

„Nun, Bert war immer ein bisschen albern, und ich dachte, wie er etwas Dummes tun würde, wenn er an die Front käme. Und tatsächlich, in der allerersten verdammten Nacht, als er in einen Schützengraben ging, lief er daran entlang, als er ausrutschte und direkt auf eine Kiste mit Bomben fiel. Es ist wahr, was ich Ihnen erzähle – neun der Kerle gingen hoch, und er wurde nicht getötet. Er ist jetzt zu Hause in England in irgendeinem Krankenhaus, und er ist so fit wie ein Lord. Das einzige, was jetzt nicht mit ihm stimmt, ist, dass er immer der erste Kerl ist, der aufsteht und einer Dame seinen Platz gibt, wenn eine Straßenbahn voll ist – immer noch ein bisschen schmerzhaft."

Joe Bates spuckte mit großer Präzision und Sorgfalt über die Brustwehr in Richtung der Deutschen. „Es sind nicht die Bomben, die mich stören", sagte er, „es sind die Minen dort. Als ich das erste Mal gegen die Uns kämpfte, war ich in St. Eloi, und sie haben uns alle eines Nachts in die Luft gesprengt. Meine Güte, das ist mit nichts auf der Welt zu vergleichen, und das Schlimmste war, dass ich eine Schachtel Zigaretten bekommen hatte, die mir irgendein altes Mädchen in ‚Blighty' geschickt hatte, und als ich wieder auf die Erde kam, war keine einzige Zigaretten mehr zu finden. Wenn das nicht genug ist, um einen Kerl zum Fluchen zu bringen, weiß ich auch nicht. Hat irgendein Sportfreund hier eine Zigaretten für mich? Ich habe seit zwei Tagen nichts geraucht", beendete er seinen Satz, „außer einem kleinen Stück Zigaretten, das der Gefangene weggeworfen hat."

Private Parkes zögerte eine Minute, und als er dann sah, dass Joe Bates ihn erwartungsvoll ansah, zog er irgendwo aus seiner Mütze eine zerbrochene „Woodbine" hervor.

"Ja", fuhr "Pongo" fort, während Joe Bates seine Zigarette anzündete, "das ist nicht das, was man Krieg nennen würde. Ich hätte nichts dagegen, mit einer Munition auf den alten Fritz loszugehen, aber mit den Owitzern und den Crumps und den Black Marias und den Piepsern und den Zischknallen hat der Infantrictyp kein Geschick. Ich war sechs Monate lang in einem verdammten Schützengraben und wozu habe ich meine Waffe benutzt? Zum Holzhacken und um den alten Sandy zu wecken, wenn er schnarcht. Unsere Typen rennen die ganze Linie entlang und geben den Alleymans die Hölle heiß, und da sitzen wir wie ein Haufen Puppen, während sie diese verdammten Bomben rüberschicken. Ich werde ihnen zeigen, was sie tun. Ich werde sie über sie spannen." Und er verschwand um die Traverse mit der Feldflasche Tee für seinen Offizier.

Zehn Minuten später tauchte er mit einer Marmeladen-Blechbombe in der Hand wieder auf. „Ich wette, damit kann ich ihren blühenden Horchposten erreichen", sagte er und zündete absichtlich ein Stück Papier am Feuer der Kohlenpfanne an und legte es an den einen Zentimeter langen Zünder, der aus der Bombe herausragte. Die durchschnittliche Zinnbombe wird drei oder vier Sekunden lang gezündet, bevor sie explodiert. Wenn die Zündschnur einmal angezündet ist, behält man die Bombe also nicht lange in der Nähe, sondern schickt sie mit den besten Wünschen an Fritz vorbei Weg. „Pongo“ zog seinen Arm zurück, um seine Bombe zu werfen, und hatte gerade mit dem Vorwärtsschwung begonnen, als seine Finger zu rutschen schienen und die Waffe in den Graben fiel.

Es herrschte ein gewaltiger Ansturm, und alle verschwanden hektisch hinter der Überquerung.

Gerade als Corporal Bateman in Sicherheit um die Ecke bog, warf er einen Blick zurück und sah, wie „Pongo“ in bewährter Manier auf seiner Bombe lag, um zu verhindern, dass sich die Splitter ausbreiteten. Es entstand eine lange Pause, in der die Männer dicht an der Brüstung kauerten und warteten ... aber nichts passierte.

Schließlich steckte jemand seinen Kopf um die Traverse herum – und entdeckte „Pongo“, der auf dem Sandsack saß, den Corporal Bateman kürzlich geräumt hatte, und versuchte, die Bombe auf der Spitze eines Bajonetts zu balancieren.

„Ullo!“ sagte diese Person. „Ich dachte, wie wärst du übers Wochenende nach Hause gegangen? Er würde mich nicht ärgern, nicht dieser kleine Kerl“, und er befummelte die Marmeladendose.

„Nun“, sagte Joe Bates, als sich die Männer einer nach dem anderen zum Feuer zurückgeschlichen hatten, „wenn das nicht ein blühendes Wunder ist! So etwas habe ich noch nie gesehen. Das stimmt doch nicht.“ „War eine Flucht, Pongo?“

„Pongo“ stand auf und ging auf die Traverse zu. „Es ist nicht so eine Flucht, wie ihr Leute denkt, denn die Bombe ist ja nichts weiter und auch nicht eine gewöhnliche Marmeladendose mit etwas Zündschnur, was ich hineingesteckt habe.“

Und er verschwand genauso schnell im Graben wie seine Kameraden ein paar Minuten zuvor.

VI

DER SCHULMEISTER VON PONT SAVERNE

ICH

„Sehen Sie also, Schulmeister", sagte Oberleutnant von Scheldmann, „Ihr Franzosen seid eine Rasse von Hunden. Wir sind hier die wahren Herren, und, beim Himmel, wir sind gekommen, um Ihnen das klar zu machen. Ihre geliebten Verteidiger rennen los." ihr Leben von der Nation, der sie sich vor einem Monat widersetzt haben, werden geschlagen und vertrieben. Wie steht es in Ihren lateinischen Büchern? Wehe den Besiegten!"

Gaston Baudel, Schulmeister im kleinen Dorf Pont Saverne, blickte aus dem Fenster auf die weiße Straße nach Châlons-sur-Marne, vier Meilen entfernt. Zwischen den Pappeln konnte er einen Blick auf sie erhaschen, und der Fluss schlängelte sich an ihrem Rand entlang, ein breites Band aus poliertem Silber. Von der Straße stiegen hier und da Staubwolken auf, die von einer Batterie oder einer Kolonne im Vormarsch kündeten. Der Platz des kleinen Dorfes, in dem er fast vierzig Jahre lang gelebt hatte, war voller deutscher Truppen; der Fluss war von Hunderten von Deutschen verschmutzt, die Staub und Blut abwuschen; die Gasthäuser hallten von deutschem Gelächter und deutschen Liedern wider, und gerade als er hinsah, schleuderte jemand ein Tablett mit Gläsern aus dem Fenster des Lion d'Or auf die Straße. Sein Blut kochte vor Hass auf die einfallenden Heerscharen, die das verschlafene, friedliche Dorf so grob aufgeweckt hatten, und er spürte, wie ihm die Selbstbeherrschung immer mehr abhandenkam …

„Hol mir etwas zu essen", sagte der Deutsche plötzlich. „Wir haben kaum eine anständige Mahlzeit zu uns genommen, seit eure Soldatenhunde losgelaufen sind. Bringt sofort Essen und Wein mit, damit ich weitermachen und dabei helfen kann, den französischen und britischen Abschaum von der Erde zu tilgen."

Die Beleidigung war zu viel für Gaston Baudel. „Möge ich verflucht sein", schrie er, „wenn ich Hand oder Fuß erhebe, um euch und euresgleichen zu ernähren. Ich hasse euch alle, denn habt ihr nicht meinen eigenen Vater getötet, als eure Soldaten vor vierundvierzig Jahren Frankreich überrannten! Geht." und woanders Nahrung finden."

Von Scheldmann lachte vor sich hin, amüsiert über die Wut des Franzosen. Er lehnte sich aus dem Fenster und rief seinem Diener und einem anderen Mann zu, die draußen auf der Türschwelle saßen.

„Fesseln Sie diesen Kampfhahn mit etwas", befahl er, „und gehen Sie nachsehen, ob noch jemand im Haus ist."

Ein unbewaffneter Schulmeister ist zwei bewaffneten und stämmigen Deutschen nicht gewachsen. Gaston Baudel trat und kämpfte wie nie zuvor, aber er war alt und schwach, seine Augen waren vom vielen Lesen tränend und sein Arm besaß nichts von der Kraft seiner Jugend. Wenige Sekunden später lag er keuchend auf dem Boden, während ein Deutscher, der auf ihm kniete, seine Hände mit Streifen seiner eigenen Bettdecke auf dem Rücken fesselte.

„Nun, du Schwein", sagte von Scheldmann, als die Soldaten losgezogen waren, um das Haus zu durchsuchen, „denke daran, dass du der besiegte Hund einer besiegten Rasse bist und dass mein Schwert nach französischem Blut dürstet", und er fügte dem seinen eine Bedeutung hinzu Worte, indem er seine Waffe zog und damit die dünnen Beine des Schulmeisters stach. „Wenn ich in ein paar Minuten kein Essen bekomme, muss ich das durch deinen Körper laufen lassen."

Gaston Baudel hatte zu viel vom Krieg gehört, um auf das zu vertrauen, was wir „Zivilisation" nennen, was bestenfalls nur ein Deckmantel ist, der den Wilden darunter verbirgt. Er wusste, dass der Befehl zum Töten und Plündern mehr als ausreichte, um all die latenten Leidenschaften zum Vorschein zu bringen, die der Mensch seit den Tagen, als er sich zum ersten Mal in Felle kleidete, zu verbergen versuchte; dass es keine leere Drohung seitens des deutschen Offiziers war. Dann lag er schweigend auf dem Boden seines eigenen Schulzimmers, bis die beiden Soldaten zurückkamen und die verängstigte Rosine, seine alte Haushälterin, zwischen sich zerrten.

„Sind Sie der Diener des Schulmeisters?" fragte von Scheldmann auf Französisch.

Rosine nickte, denn ihr fielen keine Worte ein.

„Nun, bring mir sofort das beste Essen und den besten Wein im Haus, sonst wird dein Herr dafür leiden."

Rosine warf Gaston Baudel einen Blick zu, der ihr zunickte, so gut es seine Position erlaubte. Mit Tränen in den Augen eilte die alte Dienerin in ihre Küche, um das Essen vorzubereiten.

„Binden Sie den Schulmeister an diesen Stuhl", befahl der deutsche Offizier, „und setzen Sie ihn mir gegenüber, damit er sehen kann, wie sehr seinem Gast sein Mittagessen schmeckt."

So saßen sie, der Gastgeber und der Gast, einander gegenüber, an dem kleinen Kieferntisch am Fenster. Die Sonne schien auf das saubere Tuch und den blutfarbenen Wein und auf das graue Haar des Schulmeisters. Im Schatten des Apfelbaums draußen saß der Deutsche, mal trinkend, mal spöttisch auf seinen widerwilligen Gastgeber blickend. Das Essen wurde von einem Ordonnanzoffizier unterbrochen, der mit einer Nachricht hereinkam.

Von Scheldmann las es und fluchte. „In fünf Minuten paradieren wir", sagte er, „um euren feigen *Poilus*-Hunden nachzujagen . Auf ein Glück für die neuen Herrscher Frankreichs! Auf das Deutsche Reich!" und er beugte sich über den Tisch zum Schulmeister. „Trink, du Hund", sagte er, „trink auf meinen Toast", und hielt sein Glas dicht an die Lippen des anderen.

Gaston Baudel zögerte einen Moment. Dann riss er plötzlich seinen Kopf nach vorne und schlug dem Deutschen mit dem Kinn das Glas aus der Hand. Als der Wein über den Boden spritzte, sprang von Scheldmann auf.

"Schwein!" er schrie. „Es ist ein Glück für dich, dass dein Wein gut war und mich in eine gute Stimmung versetzt hat, sonst würdest du bestimmt für diese Beleidigung sterben. So wie es ist, wirst du nur deine Ohren verlieren, und ich werde der Welt einen Nutzen bringen, indem ich sie abschneide." . Wenn du dich auch nur einen Zentimeter bewegst, muss ich dir mein Schwert durchs Herz stoßen."

Er hob sein Schwert und ließ es zweimal niederschmettern. Dann rief er seinen Diener und eilte auf die sonnenbeschienene Straße hinaus. Gaston Baudel blieb an seinem Stuhl gefesselt zurück, während ihm das warme Blut über beide Seiten des Gesichts lief.

II

Sechs Tage später, kurz vor Mitte September, riss ein ungewöhnlicher Lärm auf der Straße den alten Schulmeister von seinem Frühstück. Er ging den kleinen, gepflasterten Weg des Gartens zum Tor entlang und blickte die Straße hinauf und hinunter. Bei der Grünfläche auf dem Platz redete und gestikulierte eine Gruppe von Dorfbewohnern, und aus der Richtung von Ecury war das tiefe Rumpeln des Verkehrs und das Geräusch schwerer Schüsse zu hören.

Der Schulmeister rief einen der Bauern. „Hé, Jeanne", rief er. "Was gibt es Neues?"

„Die Boches kommen zurück, M. Baudel", sagte Jeanne Legrand. „Sie fliehen vor unseren Truppen und werden hier durchkommen, viele von ihnen. Ich bete zu Gott, dass sie es vielleicht zu eilig haben, um anzuhalten!" Und ihr Gesicht wurde ängstlich und ängstlich.

Der alte Gaston Baudel trat aus seinem Garten und gesellte sich zu der Gruppe auf dem Platz. „Nur Mut, meine Freunde", sagte er. „Selbst wenn sie eine Weile bleiben, selbst wenn unsere Häuser beschossen werden, was macht das schon? Frankreich gewinnt und treibt die Deutschen zurück. Das sind jedenfalls gute Nachrichten."

„Trotzdem", sagte die dicke Madame Roland, die Wirtin des Lion d'Or, „wenn sie noch ein weiteres Glas von mir zerschlagen, werde ich ihnen am liebsten meine letzte Flasche Wein über den schmutzigen Köpfen zerschlagen." Und sie ging, um die Reste ihrer Liköre und ihres Champagners unter der Sackleinwand im Keller zu verstecken.

„Lasst uns alle nach Hause gehen", riet Gaston Baudel, „um alles Wertvolle zu verstecken. Sogar ich mit diesem Verband um den Kopf kann hören, wie schnell sie sich zurückziehen. Leider findet heute keine Schule statt. Mögen unsere tapferen Soldaten die Teufel aus unserem schönen Land Frankreich vertreiben."

Während er noch sprach, brausten die ersten Transportwagen die Straße entlang und bogen nordwärts über den Fluss. Im Morgendunst konnte man die Infanterie erkennen – dunkle Massen, die über die weiße Straße stolperten – bis ein Konvoi von Lastwagen sie vor dem Blick verbarg.

Gaston Baudel setzte sich in sein mit Steinen gepflastertes Klassenzimmer, um den Vormarsch der Deutschen abzuwarten und die Aufgaben seiner kleinen Schüler zu korrigieren. Er hatte ihnen ein *Devoir de style aufgetragen* , über den Ruhm Frankreichs zu schreiben, und als er die kindischen, schlecht geschriebenen Prophezeiungen über die Größe seines Landes las, lachte er, denn die Deutschen waren auf dem Rückzug, die schlimmste Angst war vorüber und Paris war gerettet. Und Stunde um Stunde lauschte er dem Donnern der Kanonen, dem Rattern der Transport- und Ambulanzwagen und dem schweren Tritt der erschöpften Soldaten auf der staubigen Straße.

Plötzlich hörte er das Klappern von Stiefeln, die seinen kleinen Gartenweg heraufkamen, und eine große Gestalt tauchte drohend in der Tür auf. Ein mit Schmutz bedeckter deutscher Offizier betrat den Raum und ließ sich auf einen Stuhl fallen.

„Bist du noch hier, ohrenloser Hund?" sagte er und der Schulmeister erkannte seinen Peiniger von vor einer Woche. „Gib mir etwas zum Mitnehmen, und zwar sofort. Ich habe keine Zeit aufzuhören, aber dieses Mal werde ich dich bestimmt töten, wenn du mir nicht Essen und mehr von dem Rotwein bringst."

Gaston Baudel warf einen Blick auf die Schublade, in der er seinen Revolver aufbewahrte – obwohl er ihn nie gegen eine große Anzahl von Einbrechern eingesetzt hätte –, doch plötzlich kam ihm eine Idee, und er hielt seine Bewegungen in Schach. Mit ein paar gemurmelten Worten eilte er in die Küche, um Essen für den Deutschen zu holen.

„Rosine", sagte er, „schneide dem deutschen Hund ein Sandwich und lauf dann in mein Zimmer und hol das schwarze Siegelwachs von meinem Schreibtisch."

Als sie gegangen war, um ihm zu gehorchen, öffnete Gaston Baudel eine Flasche Rotwein und schenkte ein wenig ein. Dann holte er aus seinem Zimmer eine kleine Flasche mit Glasverschluss, schüttete den Inhalt - reines Morphium - in den Wein und verkorkte die Flasche wieder.

„So viel", sagte er zu sich selbst, „zum Arzt und seinen Medikamenten. Er hat mir zwar gesagt, wie stark ich es verdünnen muss, um die Schmerzen in meinen Ohren zu lindern, aber er hat mir keine Anweisungen zur Dosierung bei Deutschen gegeben. Sie haben starke Mägen, also sollen sie starke Getränke zu sich nehmen."

Doch als er den Korken und die Flaschenöffnung verschloss, um jeden Verdacht des Deutschen zu zerstreuen, kam ihm ein Gedanke. Beging er nicht einen Mord? Entzog er nicht einem Mitgeschöpf Gottes Geschenk des Lebens? Unbewusst berührte er den Verband, der seine verstümmelten Ohren bedeckte. Doch es konnte doch nicht falsch sein, einen dieser verhassten Unterdrücker zu töten? Sollte ein Feind Frankreichs nicht um jeden Preis vernichtet werden?

Während er zögerte, ertönte aus dem Schulzimmer die ungeduldige Stimme von Scheldmann. „Ihr Schweine!", rief er, „bringt ihr mir Essen oder soll ich es holen kommen?"

Der Schulmeister schnappte sich einen Zettel und kritzelte ein paar Worte darauf. Dann schob er ihn zwischen den Käse und das Brot des Sandwichs, machte daraus ein kleines Päckchen und eilte aus dem Zimmer. Gott oder das Schicksal mussten entscheiden.

Er reichte dem Deutschen Essen und Wein und sah ihm zu, wie er den Gartenweg entlang stapfte, um sich dem nicht enden wollenden Strom graubekleideter Soldaten anzuschließen, die nach Norden zogen.

Drittes Kapitel

Oberleutnant von Scheldmann saß auf einer Bank am Straßenrand und aß hastig sein Mittagessen. Hinter ihm, parallel zu ihm, vor ihm marschierte die deutsche Armee; und das Donnern der Kanonen unten an der Marne kündete vom Nachhutkampf. Als sie vorbeimarschierten, starrten die Soldaten neidisch auf das Brot, den Käse und den Wein, denn das Land hatte keine Nahrung, und selbst wenn das nicht der Fall gewesen wäre, ließen der schnelle Vormarsch und der schnelle Rückzug nur wenig Zeit zum Plündern.

Von Scheldmann schlug mit einem Steinschlag den Deckel der Weinflasche ab und trank lange und tief, wobei er darauf achtete, die scharfen Kanten des Glases zu vermeiden. Als er gierig in das Sandwich biss, trafen seine Zähne auf etwas Dünnes und Zartes und er riss die beiden Brotstücke auseinander. Darin befand sich ein Stück Papier. Mit einem Fluch wollte er das Papier gerade wegwerfen, als ihm einige mit Bleistift geschriebene Wörter ins Auge fielen.

„Ich überlasse es Gott“, las er, „zu entscheiden, ob du lebst oder stirbst. Wenn du keinen Wein getrunken hast, tu es nicht, denn er ist vergiftet. Wenn ja, bist du verloren und nichts kann dich retten.“ Die siegreichen Franzosen werden deine Leiche finden und sich freuen, Væ victis!

Und noch während er die hastig geschriebenen Worte las, verspürte von Scheldmann das erste schreckliche Gefühl der Taubheit, das das Ende ankündigte.

VII

DIE SELTENEN JOBS

Wir saßen in einem Eisenbahnwaggon und erzählten einander, wie es Zivilisten gerne tun, was der schnellste Weg sei, den Krieg zu beenden. „Mit einer Kompanie sollte man in der Lage sein, fast 400 Meter Graben zu halten", sagte mein Freund. „Sehen Sie, eine Kompanie stellt Ihnen heutzutage 250 Kämpfer zur Verfügung, um die Schützengräben zu bemannen."

Und dann wachte die schlammige Gestalt in der Ecke, der einzige andere Insasse der Kutsche, auf. „Du weißt nicht, wovon du sprichst", schnaubte er, während er seine Mütze auf die Ablage warf und seine Füße auf den gegenüberliegenden Sitz stellte.

„Sie wissen nicht, wovon Sie reden", wiederholte er. „Sie haben Glück, wenn Ihre Kompanie mehr als 150 Mann zur Besetzung der Schützengräben hervorbringen kann. Sie vergessen die Gelegenheitsarbeiten völlig. Nehmen Sie zum Beispiel die Kompanie, in der ich an der Front bin. Stellen Sie sich vor, wir haben 250 Mann um die Schützengräben zu bemannen? Erstens gibt es immer Männer, die getroffen werden und krank werden, oder Männer, die zur Bewachung von Kommunikationslinien geschickt werden, und deren Plätze wochenlang nicht durch neue Wehrpflichtige besetzt werden. Es gibt kein Ende für sie. Mein eigener Kumpel ist ein Telefonpfleger – er sitzt den ganzen Tag im Unterstand und wacht zu den angegebenen Zeiten auf, um dem Bataillonshauptquartier zuzurufen Arbeit, wenn die Hunnen seinen Draht „bestrafen" und er rausgehen und ihn reparieren muss, aber er geht nicht zum Angriff vor, sondern sitzt in seinem Unterstand und ruft wie Flammen nach Verstärkung, während die Deutschen sein Dach beschießen ihn mit „Pfeifen"

„Dann ist da noch der alte Joe White, der Mann wie ein Walross, der uns vor Monaten verlassen hat, um das Divisionshauptquartier zu bewachen; da sind fünf Offiziersdiener, die viel zu beschäftigt sind, um einen Schützengraben zu bemannen; da ist ein Postkorporal, der untergeht." jeden Abend den Transporter treffen, um die Briefe der Firma abzuholen, und der im Allgemeinen aus Versehen einen Sack Brot herbeiholt oder die Pakete in Granatlöcher voller Wasser wirft, da ist ein schwarzer, fettiger Kerl, der sich Koch nennt und der kümmert sich um einen großen „Tank", den man „Kocher" nennt, aus dem er öligen Tee und mit Teeblättern bedecktes Fleisch gewinnt. Außer all diesen Kerlen gibt es sechzehn Sanitäter, die mit Dosen voller Kalk umherwandern und den Graben bewachen sauber – sie besetzen die Schützengräben nicht; dann gibt es drei Bataillonspfleger, die mit Nachrichten aus dem Hauptquartier umherlaufen und den Hauptmann, sobald er einschläft, wecken, um ihn zu bitten, schriftlich anzugeben, wie viel Käse es gab was er gestern seinen Männern mitteilte oder warum Gefreiter X sich nicht die Haare schneiden ließ.

„Glauben Sie, dass die Liste damit zu Ende ist? Nicht ein bisschen davon. Es gibt ein halbes Dutzend Maschinengewehrschützen, die nichts mit der Arbeit der Kompanie zu tun haben; ein halbes Dutzend Männer und ein Quartiermeister-Sergeant, der dem Transporter angegliedert ist, um sich um die Pferde zu kümmern ..." mit Mädchen auf Bauernhöfen zu flirten; zwei Kassierer, deren Aufgabe es ist, die Beamten zu ernähren; und es gibt vier Männer, die von allen die schlechteste Zeit haben – sie sind die Bergleute, die Tag und Nacht graben und graben, graben und wühlen Deutsche Linien; arme halbnackte Kerle, die kleine Lastwagen voller Erde zum Grubenschacht rollen oder auf dem Bauch liegen und mit Spitzhacken arbeiten. Und es ist immer ein schrecklicher Wettlauf, ob sie die Deutschen in die Luft jagen oder ob sie es tun sei umgekehrt.

„Es gibt immer noch mehr Gelegenheitsjobs, und jeden Tag kommen neue dazu. Aber ich beschwere mich nicht, denn viele dieser Leute arbeiten härter als wir, und wir brauchen jemanden, der uns ernährt und den Laden sauber hält." Aber heutzutage besteht die Schwierigkeit darin, einen Mann zu finden, der Zeit hat, im Graben zu stehen und auf den Angriff der Hunnen zu warten, und das ist es, was ihr Leute anscheinend nicht begreift."

"Und was machst du?" fragte mein Freund, als der andere innehielt und gähnte.

„Was soll ich tun? Wovon habe ich wohl die ganze Zeit geredet?" sagte der Mann in Khaki. „Ich bin der Kerl, der im Graben steht und auf den Angriff der Hunnen wartet. Das ist eine ziemlich lange Arbeit, und ich habe dafür auch etwas Schlaf zu verdanken."

Daraufhin streckte er sich auf dem Sitz aus, legte den Kopf auf seinen Rucksack und machte sich daran, lärmend seine Schulden zu begleichen.

„Das macht die Sache ziemlich kompliziert, nicht wahr?", sagte mein Freund, als die schlammige Gestalt sicher das Land der Träume erreicht hatte. „Wenn Sie nur 150 Kämpfer in einer Kompanie haben, hat Ihre Division eine Stärke von ..." und er begann, so fest er konnte an seinen Fingern abzuzählen. Plötzlich gab er es verzweifelt auf und ihm schien eine brillante Idee zu kommen.

„Diese Generäle und Stabsleute", sagte er, „müssen doch ziemlich clever sein." Und wir sind zu dem Schluss gekommen, dass wir sie nicht mehr kritisieren werden, denn sie müssen genauso gut wie wir, wenn nicht sogar besser, wissen, wie man den Krieg gewinnt.

VIII

DER „KNUT"

Wir saßen im Club rund ums Kaminfeuer und unterhielten uns über diesen Menschen, der im Volksmund als „Knut" bekannt ist.

"Der 'Knut'", sagte Green, "ist heute praktisch ausgestorben, er ist im Krieg umgekommen. Sobald er sich einem Schützengraben nähert, lässt er seinen Mantel der Affektiertheit fallen und wird zu einem vernünftigen Menschen - natürlich mit Ausnahme gewisser junger Untergebener im Stab."

Rawlinson beugte sich in seinem Stuhl nach vorne. „Ich bin nicht sicher", sagte er, „ob ich Ihnen zustimme. Es hängt alles davon ab, wie Sie einen ‚Knut' definieren."

„Ein ‚Knut' ist ein Kerl mit gedehnter Aussprache und einer Brille", sagte jemand.

„Das trifft es gerade, mein Mann. Ich kenne eine Ausnahme von deiner Regel. Ich kenne einen ‚Knut', der an der Front nicht verschwunden ist."

„Erzählen Sie uns von ihm", schlug Jepson vor.

Rawlinson zögerte und sah sich nacheinander zu jedem von uns um. „Es ist keine große Geschichte", sagte er schließlich, „aber sie hat mich damals ein wenig aufgewühlt – ich habe nichts dagegen, sie Ihnen zu erzählen, wenn Sie sie interessant genug finden."

Wir füllten unsere Gläser und lehnten uns in unseren Stühlen zurück, um der folgenden Geschichte zu lauschen:

„Als ich am Trinity College war, wohnte ich direkt über einem Kerl namens Jimmy Wynter. Er war überhaupt kein Freund von mir, da er viel zu viel Geld hatte, mit dem er herumwerfen konnte – er war einer dieser reichen jungen Verschwender. Er konnte mehr als mein Jahresgeld für ein Pferd ausgeben und schien es überhaupt nicht zu bemerken. Am Ende wurde er wegen einer miesen Angelegenheit runtergeschickt, und ich war ziemlich froh, das Ende von ihm zu sehen, da der Krawall aus seinem Zimmer entsetzlich war. Er trug immer eine Brille und wunderbar geschnittene Kleidung, und sein Haar war zurückgekämmt, bis es so glänzte wie eine Billardkugel. Ich habe ihn, wie alle anderen auch, als durch und durch miesen Schurken abgestempelt und ihn als Beispiel unserer dekadenten Aristokratie hingestellt.

„Als ich an die Front ging, war unser reguläres Bataillon voll und ich wurde stattdessen zu einem walisischen Regiment geschickt. Der erste Mann, den ich dort traf, war kein anderer als dieser Wynter, immer noch mit seiner Brille und seinem gedehnten Ton. Pünktlich , man hat sich ziemlich an ihn gewöhnt, und er war immer recht amüsant – was da draußen natürlich eine tolle Sache ist –, so dass ich ihn am Ende irgendwie zu mögen begann.

„Das alles scheint Quatsch zu sein, aber es hilft, Ihnen eine Vorstellung von meinem Mann zu vermitteln, und alles führt zu meiner Geschichte, so wie sie ist.“

„Wir kamen letztes Jahr zu dieser Loos-Show. Nach Monaten der Stagnation in den Schützengräben wurden wir plötzlich ins Hauptquartier gerufen und gesagt, dass wir in etwa zwei Stunden einen Angriff starten sollten.

„Ich weiß nicht, ob einer von euch Jungs an der Front zu einem Bajonettangriff reingekommen ist. Ehrlich gesagt, ich war verdammt niedergeschlagen, denn es ist nicht dasselbe, seinen Schützengraben zu verlassen und anzugreifen, wie einen Feind anzugreifen, nachdem man ein oder zwei Stunden auf offenem Feld gelegen hat. Die ersten anderthalb Stunden liefen ganz gut, mit Bombenzündern, Signalen und dergleichen, aber die letzte halbe Stunde war der reinste Teufel.

„Die meisten von uns waren etwas nervös, und die doppelte Rumration war in zwei Portionen aufgebraucht. Wir wussten, dass wir uns keine Sorgen machen mussten, wenn die Pfeifen zum Angriff ertönten, aber das Warten war ziemlich anstrengend. Ich persönlich trank mehr puren Brandy als jemals zuvor oder danach, setzte mich dann hin und versuchte, ein oder zwei Briefe zu schreiben. Aber es war kein durchschlagender Erfolg, und ich verließ bald meinen Unterstand und schlenderte zur C-Kompanie.

„Die Idee war, dass die A- und C-Kompanien zuerst angreifen, gefolgt von den B- und D-Kompanien. Ein Bataillon der Westshires unterstützte uns.

„Der Unterstand des Offiziers der C-Kompanie war kein mentaler Ruhepol. Mit einer Ausnahme waren alle etwas nervös, alle versuchten, es nicht zu zeigen, und alle scheiterten kläglich. Die Ausnahme war Jimmy Wynter. Er saß auf einem In der Ecke stand ein Haufen Sandsäcke, die Brille im Auge, und er blickte mit sichtlichem Vergnügen auf eine alte Ausgabe von *La Vie Parisienne* . Seine Hand war steinhart, und er hatte keinen Tropfen Rum oder Brandy hergeben können Während alle anderen vor Aufregung kämpften, saß Jimmy Wynter da und studierte die Witze seiner Zeitung, so ruhig, als ob er hier in diesem alten Club säße Immerhin etwas in dem Kerl.

„Endlich war der Zeitpunkt für unseren Vorstoß gekommen, und wir warteten, kauernd unter der Brustwehr, und hörten zu, wie unsere Artillerie wie Feuersbrünste davonpolterte. Endlich ertönten die Pfeifen, viele Kerle jubelten, brüllten allerlei idiotisches Zeug, und die Kompanien A und C waren über der Brustwehr auf dem Weg zu den Hunnen.

„Ich bin nicht gut darin, einen Angriff zu beschreiben, aber es war wirklich wunderbar, diesen Kerlen zuzusehen. Ihr Anblick ließ mich jede Spur von Angst los, und die Männer konnten es kaum erwarten, bis sie an die Reihe kamen. Kurz bevor wir losgingen, hatte ich eine klare Vision von Jimmy Wynter. Er war seinem Zug weit voraus, denn er war über 1,80 Meter groß und hatte lange Beine. Ich konnte sehen, wie sein Fernglas am Ende einer schwarzen Kordel baumelte, und in seiner Hand hielt er eine Spitzhacke. Gewöhnliche Waffen wie Revolver, Gewehre und Bajonette hatten für ihn offensichtlich keine Anziehungskraft.

"Was dann geschah, konnte ich nicht mehr beobachten, denn wir waren an der Reihe, über die Brustwehr zu springen, und es blieb nicht viel Zeit, an andere Leute zu denken. Allan, sein Diener, erzählte mir später alles, was geschah, denn er war die ganze Zeit neben Jimmy. Sie gelangten zu den Hunnengräben und verloren viele Männer im Stacheldraht. Weiter links hatte der Feind eine Menge Maschinengewehre in einem der Schlackenhaufen versteckt und richtete unter unseren Jungs furchtbare Verwüstungen an. Allan zufolge wählte Jimmy eine Stelle, an der der Stacheldraht fast vollständig verschwunden war, machte einen gewaltigen Sprung über die wenigen verbliebenen Stränge und war der Erste der C-Kompanie, der in den Graben gelangte.

„Irgendwie wurde er nicht berührt – ich wette, Allan hatte etwas damit zu tun; denn er liebte seinen Meister. Mit seiner Spitzhacke brach er den Schädel des ersten Boche, der Kampfspuren zeigte, und verlor dabei den Halt Er nahm seine Waffe und ergriff das Gewehr des Mannes, als er fiel. Kein Wunder, dass die armen Kerle flohen, denn Jimmy Wynter musste wie Beelzebub ausgesehen haben, als er auf sie zustürmte Struwwelpeter tat, während er das Gewehr über seinem Kopf schwang, ebenso viel wie der Rest des Zuges, um den Graben zu räumen.

„Als wir am Tatort ankamen, waren die wenigen verbliebenen Soldaten der A- und C-Kompanien auf dem Weg zur zweiten Schützengrabenlinie. Auch hier benahm sich Jimmy Wynter mit seinem Gewehr und seinem Bajonett wie ein Dämon, und nach fünf Minuten waren wir dort." im vollständigen Besitz von zwei Schützengräben entlang einer Front von zweihundert Metern. Ich erwähne nicht einmal die Zahl der Deutschen, die sein Herr, wie Allan schwor, beseitigt hatte, aber der Name Wynter wird im Regiment noch lange ein Inbegriff sein. Das Lustige daran ist, dass er bis zu diesem Zeitpunkt keinen einzigen Kratzer hatte. Das Schicksal mag einen Mann jedoch für kurze Zeit übersehen, aber am Ende bleibt er im Gedächtnis. So war es auch mit dem armen alten Jimmy .

„Er führte eine Gruppe durch einen Verbindungsgraben und bombardierte die Hunnen Hof für Hof, als eine Handgranate fast vor seinen Füßen landete.

Er sprang nach vorne, in der Hoffnung, dass er Zeit haben würde, sie wegzuwerfen, bevor sie explodierte. Aber es war zu gut verschmolzen. Gerade als er es aufhob, explodierte das verdammte Ding und Jimmy Wynter zerknitterte wie ein Stück Papier.

„Ein paar Minuten später kam ich am Graben entlang und sah, dass unsere Position vor dem Gegenangriff so sicher wie möglich gemacht wurde, als ich ihn fand. Er lag in einem der wenigen Unterstände, die es noch nicht gegeben hatte traf, und Allan und ein anderer Mann taten für ihn, was sie konnten.

„Man konnte sehen, dass er fast erledigt war, aber nach ein paar Sekunden öffnete er seine Augen und erkannte mich.

„‚Hallo, Rawlinson‘, flüsterte er, ‚irgendein verdammter Idiot hat mich geschlagen. Es tut höllisch weh.‘

„Ich murmelte ein paar banale tröstende Worte und fesselte ihn weiter – obwohl Gott weiß, dass es eine ziemlich hoffnungslose Aufgabe war. Ich hatte nicht einmal Morphium, das ich ihm geben konnte, um die Situation zu verbessern.“

„Plötzlich hob er den Arm und fummelte auf der Suche nach etwas herum.

"'Was willst du?' Ich fragte.

„‚Wo zum Teufel ist meine Brille?‘ Und der gedehnte Ton schien fürchterlich in seiner Kehle zu stecken.

„Ich legte ihm den Rand der Brille in die Hand; das Glas selbst war verschwunden.

„‚Muss das verdammte Ding tragen‘, murmelte er und versuchte, es an sein Gesicht zu heben – aber seine Hand blieb plötzlich auf halbem Weg stehen und fiel, und er starb.“

Etwa eine Minute lang herrschte Stille im Clubraum und das Ticken der Uhr war bedrückend laut. Dann hob Jepson sein Glas.

„Meine Herren“, sagte er. „Auf den ‚Knut‘“, und wir stießen ernst auf den Toast an.

IX

EINKAUFEN

Als der Kapitän sich zum Frühstück setzte, wandte er sich an mich: „Ich schlage vor …", begann er, aber Lawson unterbrach ihn. „Oh, John, mein Lieber", sagte er, „das kommt so plötzlich."

Der Kapitän nahm von der Unterbrechung keine Notiz. „… dass wir beide heute Nachmittag einkaufen gehen."

„Jane", rief ich einem imaginären Zimmermädchen zu, „bitte sagen Sie Parkes, er soll den Wagen um elf vorbeibringen; wir gehen in der Bond Street einkaufen und essen im Ritz zu Mittag."

„Sie scheinen sich heute Morgen alle für verdammt komisch zu halten", knurrte der Kapitän und schob mit der Messerspitze ein Stück kalten Speck beiseite. „Die reine Luft in den Unterkünften scheint Ihnen zu Kopf gestiegen zu sein, sodass ich denke, eine Parade heute Nachmittag würde Ihnen gut tun."

Angesichts dieser Drohung wurden wir ernüchtert. „Nein, im Ernst", sagte ich, „ich würde gern mitkommen, wenn ich etwas zum Reiten finden kann."

„Sie können das Packpferd der Kompanie haben. Ich bestelle beide Tiere für zwei Uhr."

Nun ist das Pferd des Kapitäns viel größer als jedes wirklich anständige Pferd, und der Kapitän ist in Socken gut 1,80 m groß; ich dagegen bin eher 1,50 m als 1,80 m groß, und das Packpony ist mir auch nicht zu groß. Außerdem ist der Kapitän dünn und ich dick, so dass selbst der Wachposten sein Lächeln kaum unterdrücken konnte, als wir uns auf den Weg machten – ein moderner Don Quijote und ein Sancho Pansa mit einem Loch im Rücken seiner Tunika.

Aber wir hatten wenig Zeit, über unser persönliches Aussehen nachzudenken, denn unser Weg führte über den Mont Noir, und es gibt kaum einen Ort, von dem aus man eine schönere Aussicht hat, denn man kann der Schusslinie direkt in Richtung Meer folgen, und Ihr Fernglas zeigt Ihnen den Rauch, der von den Dampfern vor Dünkirchen aufsteigt. Wir hielten einen Moment inne und blickten über die ebenen Meilen, wo Poperinghe und Dixmude und die fernen Furnes schläfrig und friedlich lagen, aber noch während wir hinsahen, brach in Ypern ein „schwerer" Ausbruch aus, und aus der Mitte stieg träge eine lange Rauchsäule auf der Stadt.

„Wir werden an diesem alten Ort nicht mehr viel einkaufen", sagte der Kapitän, als er sein Pferd von der Straße abbrachte und sich quer durchs Land nach Bailleul aufmachte.

Der Kapitän hat mit fast jedem Rudel von Hunden in England gejagt, während ich mit keinem gejagt habe, so dass mir heiß und durstig war und ich ungewöhnlich wund war, als wir in die Stadt kamen. Ich überließ es dem Kapitän, die im Hôtel du Faucon untergebrachten Pferde zu besichtigen, und ging dann los, um etwas zu trinken.

„Hier", sagte der Kapitän, als er mich aufspürte, „probieren Sie das Spiel nicht noch einmal, sonst müssen Sie morgen früh an der Parade teilnehmen. Außerdem sollen Sie Kompaniedolmetscher sein, und Sie" Ich habe kein Recht, mich der Gnade zweier wilder Stallburschen zu überlassen. Ich rate dir, vorsichtig zu sein, junger Mann.

Meine Qualifikationen für die Stelle als Firmendolmetscher liegen darin, dass ich einmal in Begleitung verschiedener anderer Jugendlicher meines Alters zwei Wochen im Casino von Trouville und Umgebung verbracht habe. Peters aus unserer Firma kennt eine lange Liste von Substantiven, die im Plural „x" statt „s" haben, aber meine Kenntnisse gelten als praktischer – mehr Französisch.

Und jetzt kommt ein Geständnis. Um einen guten Ruf zu wahren, bedarf es großer Sorgfalt, und um meine Position als Unternehmensdolmetscher zu behalten und meinen Rivalen Peters zu übertrumpfen, trug ich immer ein kleines Taschenwörterbuch bei mir – falls es jemandem jemals aufgefallen ist, hat er es wahrscheinlich mit einer Dienstbibel verwechselt bei Gelegenheit suchte ich nach Worten. Ich hatte mir sorgfältig die französischen Entsprechungen für alle Artikel auf unserer Einkaufsliste eingeprägt – einen Topf Honig, eine Flasche Benediktiner, ein Paar nicht erwähnenswerte Kleidungsstücke für Lawson und eine Zahnbürste –, sodass ich mit einem über den Hauptplatz ging stolze Miene und ein gutes Gewissen.

Stolz, sagen sie uns, kommt vor dem Fall. Wir hatten uns erfolgreich durch die Menge der Offiziere und Kellner gekämpft, die in Bailleul wimmelten, wir hatten unsere Einkäufe erledigt, wir erfrischten uns in einem winzigen Teeladen, als der Kapitän plötzlich seinen Oberschenkel schlug.

„Bei Gott", sagte er, „ich habe versprochen, einen neuen Topf für den Firmenkoch zu kaufen. Gut gemacht, ich habe mich daran erinnert."

Was zum Teufel waren die Franzosen für einen Topf? Ich hatte keine Gelegenheit, in meinem Wörterbuch nachzuschlagen, denn es würde zu verdächtig aussehen, wenn ich während des Tees in meiner Gottesdienstbibel nachschlagen würde.

„Ich glaube nicht, dass wir Zeit haben werden, nach einem Eisenwarenhändler zu suchen“, sagte ich.

„Du verdammter Arsch“, sagte der Kapitän, „auf der anderen Straßenseite ist einer. Außerdem essen wir in der Regel nicht vor acht zu Abend.“

Das Schicksal arbeitete gegen mich. Ich habe einen weiteren Versuch unternommen, meinen Ruf zu retten. „Wir würden so lustig aussehen, Sir, wenn wir mit einem großen Kochtopf durch Bailleul fahren. Vielleicht schicken wir den Koch der Kompanie, um morgen einen zu kaufen.“

Ich blieb einige Augenblicke in Ungewissheit, während der Kapitän sich einen anderen Kuchen aussuchte. Plötzlich sah er auf. „Wir werden ihn schon nach Hause bringen“, sagte er, „aber ich glaube, Tatsache ist, dass Sie nicht wissen, wonach Sie fragen sollen.“

„Wir holen das scheußliche Ding gleich nach dem Tee“, sagte ich steif, denn es ist immer beleidigend, wenn an den eigenen Fähigkeiten gezweifelt wird, umso mehr, wenn diese Zweifel auf Tatsachen beruhen. Außerdem wusste ich, dass der Kapitän mich gern ratlos sehen würde, denn Französisch ist seit dem Tag, an dem er sich mit Halsschmerzen auf den Weg gemacht hatte, um selbst ein Heilmittel dafür zu kaufen, sein heikles Thema. Der Apotheker, der sein Französisch und seine Gesten verwechselt hatte, hatte ihn höflich zur Tür geführt und auf ein Tuchgeschäft gegenüber hingewiesen, wobei er sein Bedauern darüber zum Ausdruck brachte, dass Apotheken in Frankreich keine Halsbänder verkaufen.

Als wir den Eisenwarenladen betraten, konnte ich nichts in der Form eines Kochtopfs sehen, das ich dem Mann hätte zeigen können, also schoss ich ins Blaue. „Je désire“, sagte ich, „une soucoupe.“

„Parfaitement, m’sieu“, sagte der Verkäufer und holte eine Menge Untertassen aller Art hervor – Untertassen aus Zinn, Untertassen aus Porzellan, große und kleine Untertassen.

„Wofür in aller Welt besorgst du dir diese Dinger?“, fragte der Kapitän gereizt. „Wir wollen einen Kochtopf.“

Ich täuschte Überraschung über meine Unachtsamkeit vor und wandte mich wieder dem Verkäufer zu. „Nein, ich möchte, dass sich etwas daraus ergibt, um die Eier zu köcheln.“

Der arme Mann kratzte sich eine Minute lang am Kopf, dann kam ihm plötzlich eine Idee. „Ah, une casserole?“, fragte er.

Ich nickte aufmunternd, und zu meiner großen Erleichterung holte er einen riesigen Topf unter der Theke hervor, sodass wir mit vollen Satteltaschen aus

Bailleul trotteten und der Topf an einer Schnur um den Hals des Kapitäns baumelte.

Unglück kommt nie einzeln. Wir waren noch keine hundert Meter von der Stadt entfernt, als mir der Kapitän den Topf reichte. „Du könntest es nehmen", sagte er, „während ich meine Steigbügel kürze."

Das Packpferd gewöhnt sich an eine enorme Vielfalt an Lasten, doch offenbar war der Kochtopf für ihn so etwas wie eine unangenehme Neuheit. Er begann zu traben, und das Utensil klapperte geräuschvoll gegen die Likörflasche, die aus meiner Satteltasche ragte. Je mehr der Topf klapperte, desto schneller lief das Pferd und desto unsicherer wurde mein Sitz. In wenigen Sekunden raste ich in rasendem Galopp quer durchs Land.

Wenn ich den Topf losließ, klapperte es heftig und spornte das Packpferd zu noch größerem Tempo an; Wenn ich mich am Topf festhielt, konnte ich mein Pferd nicht hochziehen, und ich hatte kaum eine Chance, überhaupt auf dem Rücken zu bleiben, denn ich bin ein Reiter, der nur über sehr geringe Fähigkeiten verfügt.

Plötzlich sah ich ein Tor, das mir den Weg versperrte. Ich ließ den Topf los und etwas in meiner Satteltasche zerbrach. Ich ergriff die Zügel und zerrte am Maul des Pferdes. Dann, gerade als ich mich fragte, wie man beim Springversuch auf dem Rücken eines Pferdes hängen blieb, ritt jemand von der anderen Seite her und öffnete das Tor.

Aber erst als ich direkt am Tor war, sah ich, was vor mir lag. Direkt vor mir stand ein Major an der Spitze eines Kavalleriegeschwaders. Im nächsten Moment war ich unter ihnen.

Ein flüchtiger Blick auf das Pferd des Majors, das mit seinen Vorderbeinen durch die Luft scharrte, eine Gruppe von hundertfünfzig Männern vor mir, und ich hatte sie alle überholt und galoppierte den steilen Hang des Hügels hinauf.

Als der Kapitän mich endlich begleitete, stand ich oben auf dem Mont Noir und wischte Benediktiner von meinen Hosen und Gamaschen. Ich habe den Versuch unternommen, Witze zu machen. „Ich muss mit Parkes über diesen Motor sprechen", sagte ich. „Die Steuerung funktioniert nicht richtig und sie beschleunigt viel zu schnell."

Aber der Kapitän sah die Ruine der Likörflasche am Straßenrand liegen und hatte keine Lust auf Vergnügen. Also ritten wir schweigend den Hügel hinunter, während die Flammen von Ypern in der Ferne glänzten und flackerten.

Plötzlich brach der Kapitän jedoch in schallendes Gelächter aus.

„Das war es wert“, keuchte er, während er sich im Sattel herumrollte, „zu sehen, wie die armen Kerle auseinanderstießen. Herrgott! Aber es war herrlich, diesen Major fluchen zu hören.“

X

DER LÜGNER

Anderthalb Stunden lang waren wir wie nie zuvor zerquetscht, zerbombt und mit Grabenmörsern beschossen worden, aber erst als der Beschuss nachließ, konnte man den angerichteten Schaden wirklich sehen. Die plötzlichen Explosionen der Zisch- und Krachgeschosse, das zunehmende Heulen und die furchterregenden Knallsalven und, am schlimmsten, die schwarzen Grabenmörsergranaten, die wirbelnd und wirbelnd vom Himmel herabkamen, hielten die Nerven auf einem Niveau, das keine klare Sicht auf den zerstörten Graben und die verwundeten Männer zuließ.

Doch als die Abstände zwischen den Explosionen immer länger wurden, rissen sich die Männer allmählich zusammen und begannen, sich umzuschauen. Das Chaos war entsetzlich. Wo der Telefonunterstand gewesen war, war jetzt ein riesiges Loch - eine Mörsergranate war dort gelandet und hatte den Telefonunterstand fast auf den fünfzig Meter entfernten deutschen Draht geschleudert; entlang unserer Brustwehr waren große Lücken, auf die die deutschen Maschinengewehre in Abständen feuerten; die Verletzten wurden so gut wie möglich sortiert - die Toten sollten in einen alten Schützengraben getragen werden und dort auf ihre Beerdigung warten, die Verwundeten sollten so schnell wie möglich zum überfüllten Verbandsplatz hinuntergebracht werden, wie die Träger die Tragen wegschaffen konnten; die Unverletzten - kaum die Hälfte der Kompanie - starrten zum größten Teil noch immer in Erwartung dieser sich windenden, allzu vertrauten schwarzen Bombe mit einer so schrecklichen Zerstörungskraft in den Himmel. Allmählich kehrte wieder Ruhe ein, und die Männer machten sich wieder an ihre unterbrochene Arbeit – sie mussten sich ihren Schlaf gönnen und ihre Arbeit beenden, bevor die lange Nacht mit ihrem monotonen Wachen und Graben begann.

Mit dem Sergeant-Major ging ich den Graben hinunter, um Reparaturen zu besprechen, denn sobald die Nacht hereinbrach, musste viel getan werden. Dann überließ ich es ihm, eine vollständige Liste der Opfer zu erstellen, und kehrte zu meinem Unterstand zurück, um die Rumrationen mit Bennett zu teilen, dem einzigen Subalternen, der noch in der Kompanie war.

„Wo ist der Rum?" Ich fragte. „Wer beschossen wird, macht durstig."

Er reichte mir eine Tasse, auf deren Boden ganz wenig Rum zu sehen war. „Ich habe es so gut ich konnte aufgeteilt", sagte er eher entschuldigend.

„Wenn du damals an dich selbst gedacht hast, hast du das bestimmt getan", antwortete ich, während ich mich auf den Kampf vorbereitete, denn nichts bringt deine Nerven so schnell wieder in Ordnung wie ein „Schrott".

Wir wurden jedoch bei den Vorarbeiten vom Sergeant Major unterbrochen, der eine Handvoll Briefe und Soldbücher mitbrachte, die Habe der armen Kerle, die jetzt unter wasserdichten Planen im Stützgraben lagen.

„Insgesamt einundvierzig Tote, Sir, und ich fürchte, Sergeant Wall hat es nicht rechtzeitig zum Verbandsplatz geschafft. Heute ist ein schlechter Tag für uns. Ach, und übrigens, Sir, dieser Kerl Spiller wurde gerade tot am Ende des Verbindungsgrabens gefunden."

„Welches Ende, Sergeant Major?", fragte ich.

"Das andere Ende, Sir. Er verließ den Schützengraben ohne Erlaubnis. Er sagte Jones, der neben ihm stand, dass er keinen weiteren verdammten Artilleriebeschuss mehr dulden würde, und schien sich sofort danach aus dem Staub gemacht zu haben."

Bennett pfiff. „Ist das der Kerl, den der arme alte Hayes am Tag vor unserer Vergasung mit seinem Revolver bedrohen musste?"

Der Sergeant-Major nickte.

„Das ist genau das, was er tun würde", sagte Bennett, dessen Hand von der Anstrengung von vor einer Stunde immer noch unsicher war, „in die Koje zu gehen, wenn Bruder Boche uns ein wenig knusprig macht, um uns zu unterhalten."

Ich wandte mich an den Sergeant-Major. „Überlassen Sie mir die Effekte dieser Kerle", sagte ich. „Was Spiller angeht, glaube ich nicht, dass er wirklich geschlafen hat. Lassen Sie die anderen auf jeden Fall denken, ich hätte ihn ins Hauptquartier geschickt, und er wurde unterwegs getroffen. " Aber in meinem Herzen wusste ich es besser. Ich kannte Spiller für einen Feigling.

Es steht mir nicht zu, einen solchen Mann zu beurteilen. Gott weiß, es ist niemandes Schuld, wenn er so beschaffen ist, dass ihm in einem kritischen Moment die Nerven versagen. Außerdem versagt so mancher Mann, der zu Heldentaten fähig ist, die ihm das Victoria-Kreuz einbringen würden, wenn er länger als ein paar Wochen im Stellungskrieg stehen muss, denn ein paar Minuten Heldentum sind etwas ganz anderes als Monate ununterbrochener Anstrengung. Spiller und seinesgleichen haben jedoch ein Regiment im Stich gelassen, und dafür muss man sie verachten.

Der Gedanke an unseren „Schrott" hatte uns völlig verlassen, denn Bennett und ich standen vor einer der unangenehmsten Aufgaben, die ein Offizier haben kann. Die Nachricht muss von jemandem verbreitet werden, wenn eine Frau plötzlich Witwe wird, und die Aufgabe wird in der Regel vom Zugführer des Toten übernommen, der seine Briefe und Papiere nach Hause schickt. An diesem Nachmittag waren viele Männer gestorben, und Kondolenzbriefe und schlechte Nachrichten sind immer schwer zu schreiben, so dass in unserem Unterstand die nächsten zwei Stunden Stille herrschte.

Das letzte Lohnbuch, das ich untersuchte, gehörte dem Gefreiten E. Spiller. Seine anderen Habseligkeiten waren dürftig – ein paar Kupfermünzen, ein abgenutzter Bleistift und zwei Briefe. Ich schaute mir Letzteres an, um einen Hinweis darauf zu erhalten, wem ich schreiben sollte; Eines war in seiner eigenen Handschrift und unvollendet, das andere stammte von einem Mädchen, mit dem er „ausgegangen" war, offenbar seine einzige Freundin auf der Welt, da nur sie in dem kleinen Testament am Ende seines Gehaltsbuchs erwähnt wurde . Aber ihre Liebe war genug. Ihr Brief war schlecht geschrieben und schlecht geschrieben, aber er drückte mehr Liebe aus, als man den meisten Männern entgegenbringt.

„Pass auf dich auf, mein Lieber Erny, meinetwegen", schrieb sie. „Ich bin so stolz darauf, dass du in diesen schrecklichen Schützengräben so gut zurechtkommst … Lieber Erny, du kannst dir gar nicht vorstellen, wie froh ich bin, dass du so mutig bist, aber sei schnell und gib mir zurück, was dich so liebt." ...."

So mutig! Ich versuchte, über die unbewusste Ironie des Ganzen zu lachen, aber mir kam das Lachen nicht, denn etwas in meiner Kehle hielt es zurück – vielleicht war ich durch den jüngsten Beschuss ein wenig überreizt.

Ich wandte mich dem anderen Brief zu und hielt es für angebracht, ihn vollständig abzuschreiben:

" LIEBSTE LIZ ,

"Ich hoffe, dies erreicht Sie, da es mich im Moment in Hochform lässt. Liebe Liz, mir geht es sehr gut und ich werde Ihnen ein Geheimnis verraten – ich werde für das Vietcong empfohlen, weil ich mich in den Schützengräben so gut geschlagen habe. Ich fühle mich kein bisschen eingeschüchtert, was schön ist, und, liebe Liz, ich hoffe, bald zum Lance Corpril befördert zu werden, da mein Offizier so ..."

Und hier endete er, dieser Brief von einem Lügner. Ich balancierte ihn auf meinem Knie und überlegte, was ich damit tun sollte. Sollte ich ihn zerreißen und dem Mädchen schreiben, um ihr die Wahrheit zu sagen – dass ihr Geliebter ein Lügner und Feigling war? Sollte ich seinen Brief zerreißen und einfach seinen Tod verkünden? Einige Minuten lang zögerte ich, und dann steckte ich seinen halbfertigen Brief in einen Umschlag und fügte eine Notiz hinzu, um es ihr mitzuteilen.

„Er starb wie ein Soldat", schloss ich. „Sein Brief wird Ihnen besser als alle meine Worte sagen, wie völlig furchtlos er war."

Und ich wünschte, keine andere Lüge würde mein Gewissen schwerer belasten als die Lüge, die ich ihr erzählt habe.

XI

DIE STADT DER TRAGÖDIE

Was spielt es für eine Rolle, dass die Tuchhallen und die Kathedrale in Trümmern liegen, dass die Häuser und Kirchen nur noch Trümmer auf den Straßen sind? Was kümmert es uns, wenn große Granaten klaffende Löcher in den Grande Place gerissen haben und wenn der Bahnhof ein ramponiertes Wrack ist, in dem die Schienen wie Drahtstücke verbogen und verdreht sind? Wir trauern nicht um Ypern, denn es ist in seinem Untergang tausendmal großartiger als jemals zuvor in den Tagen seiner Pracht.

In der Stadt sind die Häuser nichts weiter als Steinhaufen, die Straßen nur zerklüftete Abschnitte der Verwüstung, der ganze Ort ist ein riesiges Denkmal zur Erinnerung an diejenigen, die einfach und großartig für eine große Sache gelitten haben. Rund um die Stadt verlaufen die grünen Stadtmauern, auf denen die Stadtbewohner vor ein paar Jahren abends spazieren gingen und die blonden flämischen Mädchen die Männer schüchtern und verstohlen ansahen. Die Stadtmauern sind jetzt zerrissen, die Pappeln sind zerbrochen, der Wassergraben ist schmutzig und schmutzig, und über die weite Ebene blicken Reihen kleiner Kreuze, die die Ruhestätten der Toten markieren.

Denn hierin liegt deine Herrlichkeit, Ypern. Um dich zu erobern, sind Tausende deutscher Eindringlinge gefallen; Zu deiner Verteidigung sind Belgier, Franzosen, Engländer, Kanadier, Inder und Algerier gestorben. Drei Meilen entfernt, auf Hügel 60, liegen die Leichen von Hunderten von Männern, die für dich gekämpft haben – der Cockney, der in der Nähe des Schotten begraben ist, der Preuße, der nur einen Meter von dem Preußen entfernt liegt, der dort ein Jahr zuvor gefallen ist, und entlang des Cutting Französische Bajonette und Gewehre und gelegentlich ein unvollendeter Brief eines längst verstorbenen *Poilu* an seine Geliebte in den sonnigen Ebenen des Midi oder in den Obstgärten der Normandie.

Und alle diese Männer sind gestorben, um dich zu retten, Ypern. Warum sollten wir dann in deinem Untergang um dich trauern? Selbst deine große Schwester Verdun kann sich nicht einer so stolzen Bilanz rühmen wie deiner.

Aber die schreckliche Tragödie des Ganzen! Dass die berühmte Altstadt, die ruhig in ihrer Ebene schläft, zerstört und ruiniert werden sollte; dass so viele Hoffnungen und Ambitionen in so wenigen Stunden zunichte gemacht werden können; dass junge Körper im Bruchteil einer Sekunde zu Massen lebloser, blutender Brei zerquetscht werden können! Die glorreiche Tragödie von Ypern wird niemals geschrieben werden, denn so viele, die hätten sprechen können, sind tot, und so viele, die leben, werden niemals sprechen

– man kann ihre Geschichten nur an dem dumpfen Schmerz in ihren Augen und an den Lippen, die sie schließen, erraten fest, um das Schluchzen zu stoppen.

Gott, wie haben sie gelitten, diese Belgier! Tag für Tag, über ein Jahr lang, lebten die Einwohner von Ypern in der Hölle des Krieges; Tag für Tag kauerten sie in ihren Kellern und fragten sich, ob ihr kleines Heim von der nächsten Granate zerstört werden würde. Wie viele lebten monatelang in engen kleinen Kellern oder zusammengepfercht in dem einzigen Raum, der von ihrem Heim übrig geblieben war – alles, sogar der Tod, war ihnen lieber, als den Ort zu verlassen, an dem sie geboren wurden und an dem sie all ihre ruhigen, glücklichen Jahre verbracht hatten.

Ich kannte eine Frau, die mit ihrer kleinen Tochter in der Nähe der Porte de Menin lebte, und eines Tages, als das Nachbarhaus in Schutt und Asche gelegt worden war, versuchte ich, sie zum Gehen zu überreden. Sie schüttelte lange den Kopf und dann nahm sie mich mit, um mir ihr Schlafzimmer zu zeigen – so ein armseliges kleines Schlafzimmer, mit einem Kruzifix über dem Bett und einem schmuddeligen Rosenstrauch, der vor dem Fenster wuchs. „Hier starb mein Mann vor fünf Jahren", sagte sie. „Er möchte nicht, dass ich weggehe und das Haus Fremden überlasse."

„Aber denken Sie an den Kleinen", flehte ich. „Sie ist erst ein fünfjähriges Mädchen und man kann ihr Leben nicht so gefährden."

Sie schwieg lange und eine Träne lief ihr über die Wange, als sie versuchte, sich zu entscheiden. „Ich werde gehen, Monsieur", sagte sie schließlich, „um des Kleinen willen."

Und in dieser Nacht machte sie sich auf den Weg ins Unbekannte, voller Angst davor, auf ihr kleines Zuhause zurückzublicken, damit ihr der Mut nicht im Stich gelassen würde. Sie trug ihre besten Kleider – denn warum sollte man den Deutschen etwas Wertvolles zurücklassen, sollten sie jemals kommen? – und sie zog ihre wenigen Haushaltsschätze im Kinderwagen vor sich her, während ihre kleine Tochter neben ihr lief.

Aber am nächsten Morgen sah ich sie wieder die Straße hinauf zu ihrem Cottage zurückkommen. Diesmal war sie allein und rollte immer noch den Kinderwagen vor sich her.

Ich ging hinaus und klopfte an ihre Tür. „Du bist also zurückgekommen", sagte ich. „Und wo hast du die Kleine gelassen?"

Sie starrte mich eine Minute lang ausdruckslos an, und eine große Angst erfasste mich, denn ich sah, dass ihre besten Kleider zerrissen und voller Staubflecken waren.

„Es war in der Nähe des großen Krankenhauses an der Poperinghe-Straße“, sagte sie mit schrecklich gleichmäßiger Stimme. „Die Kleine war zurückgeblieben, um am Straßenrand ein paar bunte Glasscherben aufzusammeln, als die Muschel kam. Es war eine große Muschel … und ich konnte nichts außer dieser finden“, und sie hielt einen Teil eines kleinen zerrissenen Kleides hoch , blutig und schrecklich.

Ich versuchte, ein paar tröstende Worte zu sagen, aber mein Entsetzen war zu groß.

„Es ist der Wille Gottes“, sagte sie, als sie begann, die Schätze im Kinderwagen auszupacken, aber als ich die Tür schloss, hörte ich, wie sie in den schrecklichsten Weinanfall ausbrach, den ich je erlebt hatte.

Und je weiter der Krieg andauert, desto schlimmer wird die Tragödie von Ypern. Jede Granate zerstört ein wenig mehr von dem, was einst ein Zuhause war, jeder Absturz und jedes Herabfallen von Ziegeln bringt ein wenig mehr Schmerz in ein brechendes Herz. Die Ruinen von Ypern sind herrlich und edel, und wir sind stolz darauf, sie zu verteidigen, aber die ruhigen, einfachen Menschen von Ypern können nicht einmal einen Ziegelstein auf einem anderen ihrer Häuser finden.

Irgendwo in England, so erzählen sie mir, lebt eine kleine alte Dame, die einst eine große Persönlichkeit der Brüsseler Gesellschaft war. Sie ist jetzt fast achtzig und allein, aber sie klammert sich hartnäckig an das Leben, bis der Tag kommt, an dem sie in ihr Schloss in Ypern zurückkehren kann, wo sie vierzig Jahre lang gelebt hat. Man kann sie sich vorstellen – schwach, schrumpelig und klein, ihre Augen strahlen vor Entschlossenheit, so lange zu leben, bis sie ihre Heimat wiedergesehen hat.

Ich habe ihr Schloss gesehen und bete, dass der Tod kommen und diese strahlenden Augen schließen möge, sodass sie nie die Zerstörung ihres Zuhauses sehen müssen. Denn es ist ein trostloser Anblick, auch wenn der Himmel blau war und die Blätter in der Sonne glitzerten an dem Morgen, als ich vor zwei Jahren die gewundene Auffahrt hinaufstapfte.

Das Haus war nichts weiter als ein Haufen zerbrochener Ziegel, aber durch einen merkwürdigen Zufall war das Schloss selbst nie direkt getroffen worden. Vor dem großen weißen Haus hatte einst ein asphaltierter Tennisplatz gestanden – jetzt war dort eine Ebene, die alle paar Meter von riesigen Granattrichtern durchzogen war. Das Gartenhaus am Waldrand – einst Schauplatz reizender kleiner Flirts zwischen den Tennisspielen – war jetzt ein seltsames Wrack, bestehend aus drei wackeligen Wänden und einem zerbrochenen Sitz. Am seltsamsten war, dass neben den weißen Marmorstufen ein alter, reifenloser De-Dion-Wagen lag.

Ich habe mich oft gefragt, was die Geschichte dieses ramponierten Dings sein könnte. Man kann fast sehen, wie die Besitzerin sich mit ihren wertvollsten Habseligkeiten darin verstaut, um vor den heranstürmenden Deutschen zu fliehen. Der Motor springt nicht an, es bleibt keine Zeit für Reparaturen, es gibt die eilige Flucht zu Fuß und das Auto ist den einfallenden Truppen ausgeliefert. Vielleicht gehörte es wiederum zum Stab einer Armee und wurde im Schloss zurückgelassen, als es seine letzte mögliche Meile zurückgelegt hatte. Auf jeden Fall stand es da, auf halbem Weg zwischen Ypern und den Deutschen, und alles, was irgendwie wertvoll war, wurde so gründlich von ihm entfernt, als ob es den weißen Ameisen überlassen worden wäre.

Neben dem Tennisplatz, wo einst Blumenbeete gestanden hatten, stand jetzt eine Reihe kleiner, rauer Holzkreuze, und hier und da waren Narzissen und Narzissen gewachsen. Was für ein seltsamer kleiner Friedhof! Hier eine Khaki-Mütze und ein Strauß verwelkter Blumen, dort ein Kreuz mit der Aufschrift „Ein unbekannter britischer Held, gefunden in der Nähe von Verbrandenmolen und hier am 3. März 1915 begraben", dort eine leere Patronenhülse, die in einem komischen Winkel auf einem Grab balanciert, und überall zwischen den Hügeln wehten die Blumen in der frischen Morgenbrise, während in der Ferne der Turm der Tuchhallen von Ypern aufragte, wie ein riesiger Arm, der mit einem Finger zum Himmel zeigte.

Das Schloss selbst hatte, wie ich bereits sagte, nie einen direkten Treffer erlitten; Aber glauben Sie, dass die Hand des Krieges daran vorbeigegangen ist und dass die kleine alte Dame darin etwas Heimatliches finden würde?

Alle Fenster im Erdgeschoss waren mit Sandsäcken verstopft, und in den Fenstern im Obergeschoss war kein einziges Glas mehr zu sehen. In einem Raum, der einst eine Küche gewesen war und nun mit Kreide die Aufschrift „Offiziersmesse" trug, standen ein altes Bettgestell, zwei Matratzen, ein Holztisch und drei wackelige Stühle. Abgesehen von diesen und einem Klavier im Esszimmer im Obergeschoss war das Haus absolut möbellos. Sogar das Klavier, das seit Kriegsbeginn die Melodien von mindestens drei Nationen gespielt haben musste, hatte seine Abdeckung als Brennholz hergegeben.

Räume, in denen sich einst Damen gepudert und parfümiert hatten, um den wankelmütigen Mann anzuziehen, waren jetzt kahl und leer und stechend vom Geruch von Chlorkalk. Im Speisesaal, wo erlesene alte Weine ausgeschenkt worden waren, befanden sich hundert müde, schmutzige Männer. In der Küche, wo die dicke *Köchin* ihr Abendessen zubereitet hatte, befanden sich jetzt ein Dutzend Offiziere, einige lagen schlafend auf dem Boden, andere hockten um den Tisch und spielten „Vingt-et-un".

Denn dies ist Krieg.

Es gibt noch eine weitere Erinnerung an Ypern – eine ganz andere – die mir in den Sinn kommt. Es ist die Erinnerung an unser Regimentsessen.

Das Erste, was ich davon hörte, kam von Lyttons Diener.

„Bitte, Sir", sagte er eines Morgens, „Mr. Lytton lässt Sie herzlich begrüßen. Können Sie ihm sagen, wo das Hôtel Delepiroyle ist?"

„Das Hôtel de what?"

„Das Hôtel Delepiroyle, Sir. Das hat er gesagt."

„Bitten Sie Mr. Lytton, es aufzuschreiben – nein, warten Sie eine Minute. Sagen Sie ihm, dass ich vorbeikomme, um mit ihm darüber zu reden." Also schlenderte ich zur anderen Seite der Infanteriekaserne, um ihn zu finden.

„Was, hast du noch nichts davon gehört?" fragte Lytton. „Der neue Kommandeur, Major Eadie, gibt heute Abend allen Offizieren des Regiments ein Abendessen zum Abschied von Major Barton, bevor er sich auf den Weg macht, um das Kommando über seine neue Truppe zu übernehmen. Es ist im Hôtel de l'Epée Royale, Wo auch immer das sein mag, lasst uns hingehen und es aufspüren.

So schlenderten wir die Rue de Lille entlang, die noch relativ frei von den Verwüstungen des Krieges war, denn die Geschäfte waren geöffnet und die Einwohner standen plaudernd und tratschend vor ihren Haustüren. Hier und da lagen Trümmer auf dem Bürgersteig, und was einmal ein Haus gewesen war, war jetzt ein formloser Haufen aus Ziegeln und Balken. Gleich neben der Kirche befand sich ein zerstörtes Restaurant, und eine Schar kleiner Kinder spielte hinter den Resten seiner Mauern Verstecken.

Auf unserem Weg die Straße hinunter begegneten wir Reynolds, der erst am Abend zuvor zum Regiment gestoßen war, während wir, die wir schon fast drei Wochen an der Front waren, uns im Vergleich zu ihm wie kriegsmüde Veteranen vorkamen. Er stand auf dem Bürgersteig und starrte aufgeregt zu einem Flugzeug hinauf, um das herum kleine weiße Rauchwölkchen aufstiegen.

„Kommen Sie mit", sagte Lytton. „Wenn du schon so lange hier draußen bist wie wir, wirst du es satt haben, Flugzeugbeschuss zu sehen. Komm und entdecke den Schauplatz der heutigen Orgie."

Auf dem Grande Place, neben den Tuchhallen, entdeckten wir das Hôtel de l'Epée Royale. Ein „Jack Johnson" hatte direkt davor ein riesiges Loch in den Bürgersteig gerissen, und eine große Ecke des Gebäudes war verschwunden.

„Bei Gott", sagte Reynolds mit ehrfürchtiger Stimme. „Was für ein Loch! Dafür muss eine Granate nötig gewesen sein."

Lytton lächelte herablassend. „Mein lieber Freund", sagte er, „das ist überhaupt nichts. Es ist kaum größer als das Loch, das eine verbrauchte Kugel hinterlässt. Gehen wir hinein und essen etwas zu Mittag, um zu sehen, was für ein Ort das ist."

Aber Reynolds und ich waren standhaft. "Verrotten!" wir sagten. „Lass uns nach Hause gehen und schnell. Sonst wird es uns heute Abend nicht gut gehen; wir haben unsere Pflicht mit dem Abendessen zu erfüllen."

Also gingen wir zurück zur Kompaniemesse in der Infanteriekaserne, vorbei an einem Haus, das am Morgen zerstört worden war. Ein Mann und eine Frau jagten in und aus den Ruinen, und eine andere Frau, sehr alt, mit vom Weinen geschwollenen Augen, saß auf den Überresten der Wand ihres Hauses und hielt einen zerbrochenen Fotorahmen in der Hand.

Es gibt viele Kerle, die seit diesem kleinen Abendessen im Hôtel de l'Epée Royale ihr Leben gegeben haben; Derjenige, der es gab, starb sechs Wochen später an seinen Wunden, ein so tapferer Kommandant, wie man es sich nur wünschen kann. Würde das Abendessen noch einmal stattfinden, gäbe es viele Lücken rund um den Tisch, und selbst das Gebäude müsste längst zu Staub zerfallen sein.

Wenn dies einem von Ihnen, der dort war, in die Augen fällt, lassen Sie Ihre Gedanken einen Moment zurückschweifen und lächeln Sie über Ihre Erinnerungen. Erinnern Sie sich, wie wir Wilsons Glas so schütteten, dass er uns verließ, bevor die Süßigkeiten auf dem Tisch standen? Erinnern Sie sich, wie wir ihn später auf der Treppe sitzend fanden, den armen Kerl, den Kopf umklammernd, in dem vergeblichen Versuch, die Welt davon abzuhalten, sich weiterzudrehen? Erinnern Sie sich an die Toasts, die wir ausbrachten, und die Pläne, die wir für diese düstere Zeit „nach dem Krieg" machten? Ich gestehe, dass ich alles, was wir aßen, völlig vergessen habe – abgesehen vom Whisky vergesse ich sogar, was wir tranken; aber ich weiß, dass uns das köstlichste kleine Abendessen in London nicht annähernd so gut gefallen hätte. Und dann, als alles vorbei war und wir uns auf den Weg machten, um nach Hause ins Bett zu gehen, erinnern Sie sich, wie der junge Carter mitten auf dem Grande Place stand und Rhapsodien für den Mond anstimmte – obwohl er für den Rest von uns wie jeder andere Mond aussah –, bis wir ihn hochhoben und mit Gewalt nach Hause trugen?

Manchmal tut es gut, zurückzublicken. Vielleicht finden Sie es traurig, weil so viele von unseren damaligen Gefährten nicht mehr da sind. Aber so ist der Krieg; früher oder später müssen sie sterben, und sie hätten sich kein besseres Grab aussuchen können. Wenn schon jemand sterben muss, warum dann nicht im Kampf für England und Ypern?

Es gibt eine Straße in Ypern, die ich schon in Friedenszeiten kannte. Sie schlängelte sich zwischen den steifen, weißen Häusern hindurch, und die kleinen flämischen Kinder ließen sie mit ihrem Geschrei und Gelächter widerhallen, bis man das Rumpeln und Klappern der Karren auf dem Kopfsteinpflaster der nahen Hauptstraße kaum noch hören konnte. Und ich kam während der zweiten Schlacht von Ypern denselben gewundenen Weg entlang. Die zertrümmerten Häuser reckten ihre gezackten Ziegelsteinkanten in den Himmel, die Straße war aufgerissen und die Pflastersteine grotesk gegeneinander gestapelt. Vor dem Kloster, wo ich das schwache Echo des Kinderlachens zu hören glaubte, lag eine zertrümmerte Protze – das Pferd lag auf dem Rücken und hatte die Beine steif in die Höhe gestreckt; und knapp neben dem zerbrochenen Steinkreuz, das über der Klostertür heruntergefallen war, lag die Gestalt des toten Kutschers.

Und von allem, woran ich mich an Ypern erinnere, denke ich am häufigsten daran, denn es ist ein Symbol für den Ort selbst – der tote Mann, der am Kreuz liegt, ein Zeichen des Leidens, das zu einem anderen Leben führt. Die Qual von Ypern wird es unsterblich machen; Denn wenn jemals eine Stadt Unsterblichkeit verdient hat, dann ist es sicherlich diese alte, zerstörte Stadt in den Ebenen Flanderns.

XII

„PONGO" SIMPSON ÜBER GRUMBLERS

Ich saß in meinem Unterstand und versuchte, einen Brief zu schreiben, während das sporadische Licht einer Kerze von Zeit zu Zeit durch die Regentropfen, die durch das Dach fielen, erlosch, als ich plötzlich das Quietschen von Schlamm und das Geräusch von Ausrutschen hörte , und ein entsetzliches Platschen. Jemand war direkt vor der Tür in das Granatenloch gefallen.

Ich wartete einen Moment und hörte die bekannte Stimme von „Pongo" Simpson. „Schlag mich rosa an!" er stotterte, als er das steile Ufer aus dem Wasser hinaufkletterte. „Und ich habe meine Seife vergessen. Das erste Bad, das ich seit sechs Wochen auch habe." Und er stolperte in meinen Unterstand, ein schrecklicher Gegenstand, der von Kopf bis Fuß mit schleimigem Schlamm bedeckt war, und als er atmete, flogen kleine Schlammregen von seinem Schnurrbart.

„Hallo", sagte ich, „du scheinst nass zu sein."

„Tut mir leid, Sir", sagte „Pongo", „Ich dachte: ‚Oh, das war mein Unterstand. Nass, Sir? Gott! Ja, ich sollte denken, ich wäre nass', und er krümmte sich, um es mir zu zeigen, während a Ein dünner Strahl schlammigen Wassers tropfte aus seinen Haaren auf meinen Brief. „Aber es nützt nichts, zu murren, und es ist besser, in ein Granatenloch zu fallen, als dass eine Granate auf mich einschlägt. Ich habe auch etwas Tee in meinem eigenen Unterstand." "

Als er gegangen war, zerknüllte ich meinen schmutzigen Brief und ich gestehe, dass ich seiner Unterhaltung absichtlich zugehört habe, denn sein Unterstand war von meinem nur durch ein paar übereinander gestapelte horizontale Baumstämme getrennt.

„Nun, sehen Sie, es hat keinen Sinn, sich zu beschweren", sagte er gerade zu jemandem. „Ich habe Schlamm in meiner Nase und in meinen Augen und den ganzen Hals hinunter, aber er geht nicht weg, so sehr ich auch meckere. Nun, es gibt ständig ein paar Kerle, die herumalbern – „hier, Bert, Sie könnten 'und über Ihr Messer einen Moment lang den Schlamm von meinem Gesicht kratzen, es bricht alles, wenn ich rede – wenn sie eine Maconochie-Ration haben, wollen sie Bully Beef, und wenn sie Bully Beef haben, dann Ich kann nichts außer Maconochie ertragen, wenn du ihnen sagen würdest, dass der Krieg morgen zu Ende gehen würde, würden sie dich entweder einen verdammten Lügner nennen oder sich wie 'nix aufregen, weil sie es nicht wissen Es ist an der Zeit, den VC zu gewinnen

"Da war der junge Alf Cobb. Er war kein Nörgler und hatte die ganze verdammte Zeit viel Glück. Als er an die Front kam, steckten sie ihn auf den Transport, weil er vor dem Krieg Jockey gewesen war, und er meckerte die ganze Zeit, dass er keinen Spaß am Kämpfen hatte. Spaß am Kämpfen, in der Tat, als er dieses kleine Mädchen, das wir Gertie nannten, weniger als zehn Minuten von den Ställen entfernt hatte! Sie war ein nettes kleines Ding, diese Gertie, und wenn sie nur Englisch gesprochen hätte, statt dieses verdammte Kauderwelsch, das wie Fluchen klingt ..." und hier schweifte "Pongo" ab und erzählte eine Reihe von Erinnerungen an Gertie, die wenig mit Krieg und nichts mit Meckern zu tun haben.

„Aber, wie ich schon sagte", fuhr er schließlich fort, „dass Alf Cobb mich dort immer mit ‚is grousin' verärgert hat. „Der Spaß am Kämpfen", schimpfte er, weil er nicht in ein altes Estaminet gehen konnte, und „Ordnung" ist ein Glas voller Bitterstoffe wie ein Idiot. „Er schimpfte, weil er kein Federbett hatte." , er schimpfte, weil es sein eigenes Essen war, und er schimpfte, weil er die „Uns" nicht mochte, als ein lauter Knall auf der Brüstung einschlug und ihm einen gab Der nette Blighty im Arm hat gemurrt, weil er Angst hatte, dass das Meer rau sein könnte, wenn er überquert hat, und er hat gemurrt, weil er seine eigene Pfeife nicht anzünden konnte was mir nicht gefällt.

"Was ich mag, ist ein Kerl wie der alte Lewis, der immer munter war. Er hatte furchtbare Rheuma, aber er hat nie gemurrt. Dann ist er einfach weggegangen und wurde vor dem Krieg gespleißt, und seine Frau hat ihn in Schulden gestürzt und ist dann mit einem Kerl durchgebrannt, der in der Munitionsindustrie arbeitet. 'Kein Grund zu meckern', sagt der alte Joe Lewis, und er blieb trotzdem fröhlich, und in der Nacht, als er hörte, wie die junge Frau weggegangen war, spielte er auf seiner alten Mundharmonika so fleißig wie ein Kerl, der mit fünf Schilling in der Tasche auf dem Weg zum Green Dragon ist. Die anderen Kerle, die davon wussten, dachten, dass Joe sich überhaupt nicht darum kümmerte, aber ich war sein Kumpel und ich wusste, dass es sehr weh tat. Als er bei dem Angriff bei Lee Bassey niedergeschlagen wurde, bin ich kurz bei ihm vorbeigegangen. Mach dir keine Sorgen um mich, Pongo, sagt er, ich könnte es nicht ohne sie zu Hause ertragen – ich meine ihre Frau, verstehen Sie – und ich würde es lieber so machen. Wenn ich meine alte Mundharmonika hier hätte, würde ich euch Jungs eine Melodie geben, um euch zu helfen. So ein Kerl war er, munter bis zum Schluss. Ich musste in die Schützengräben und habe ihn nie wieder gesehen, denn eine große Granate kam vorbei und begrub ihn.

„Schließlich", fuhr „Pongo" nach einer Pause fort, „ist es ein Leben mit seinen Vorteilen. Ich muss mir sonntags keinen Kragen anziehen, so wie ich es bei der alten Frau tun muss." ome. Dann wäre ich vielleicht in dieser Muschel steckengeblieben und hätte kein sauberes Hemd mehr gehabt, mit dem ich mich abtrocknen konnte , es könnte schlimmer sein, und ich bin nie jemand, der meckert."

Dann machte jemand, der „Pongo" gut kannte, eine scheinbar irrelevante Bemerkung. „Es gibt wieder Pflaumen- und Apfelmarmelade für die Rationen", sagte er.

„Pongo" erhob sich sofort zur Fliege. „Gott!" Er sagte: „Wenn das nicht die blühende Grenze ist. Ich würde mich gerne um den Hals des Kerls wickeln, der all die Himbeeren, Aprikosen und Marmelade bekommt. Ich bin schon zwei Jahre dabei Die Gräben, und was habe ich anderes als Pflaume und Apfel gesehen? Wenn es keine Pflaume und ein Apfel ist, ist es das Gleiche, nur dass da mehr Steine drin sind ...."

„Pongo", unterstellte in diesem Moment jemand, „dachte ich, wie du nie gemurrt hast."

„Pongos" Stimme sank auf ihr normales Niveau. „Das ist kein Murren", sagte er. „Ich bin nicht der Typ, der meckert."

Aber fast eine Stunde lang hörte ich ihn vor sich hin knurren, und „Pflaume und Apfel" war der Hauptteil seines Knurrens. Denn selbst „Pongo" Simpson kann nicht immer das praktizieren, was er predigt.

Dreizehnte

DER KONVERT

John North vom Non-Combatant Corps beugte sich über den Tresen und lächelte der Verkäuferin liebevoll ins Gesicht. Offenbar durch Zufall glitt seine Hand zwischen den Apfelkorb und die Keksdosen und berührte sanft ihre. Da er kein Französisch konnte, war seine Konversation streng begrenzt, und er musste dies wiedergutmachen, indem er mit seiner Hand sprach – indem er sanft mit seinem erdverschmierten Daumen ihre Handfläche streichelte.

Mademoiselle Thérèse lächelte ihn schüchtern an und ihre Hand blieb auf der Theke.

Der dadurch ermutigte Privatmann John North wurde noch mutiger. Er umklammerte ihre Finger mit der Faust und fragte sich gerade, ob er es wagen sollte, sie zu küssen, als eine schroffe Stimme hinter ihm ihn dazu brachte, sich zu versteifen und so zu tun, als wolle er nichts weiter als eine Tafel Schokolade.

„Na dann, kommen Sie vorbei", sagte der Neuankömmling, ein Gefreiter, auf dessen Kleidung noch Grabenschlamm klebte. „Sie ist meine junge Dame, nicht wahr, Thérèse?"

Thérèse lächelte eher vage, denn sie wusste nicht mehr Cockney als John North Französisch konnte.

„Raus hier raus", fuhr der Linienrichter fort. „Ich möchte nicht, dass keiner von euch Verweigerern in diesem Laden herumlungert, und wenn ihr noch einmal hierher kommt, werde ich euch auch nicht verarschen."

Leider liegt es in der Natur einer Frau, den Anblick zweier Männer zu genießen, die um ihre Gunst streiten, und Thérèse, die ahnte, was vor sich ging, war so unklug, John North freundlich aufmunternd anzulächeln.

Sogar ein Kriegsdienstverweigerer verliert sein Gewissen, wenn es um eine Frau geht. John North krempelte die Ärmel hoch, als wäre er sein ganzes Leben lang ein Boxer gewesen, und schlug seinen Gegner so heftig, dass die Keksdosen zu Boden geschleudert wurden und der Inhalt einer Schachtel Pralinen auf dem Boden verstreut war.

Für uns ist Mademoiselle Thérèse von diesem Moment an nicht mehr existent, aber der kleine Zwischenfall in ihrem Laden blieb nicht ohne Folgen. Erstens sperrte die Militärpolizei die beiden Übeltäter in dieselbe Wache, wo sie von erbitterten Rivalen zu besten Freunden wurden. Zweitens war John North, der einmal Blut vergossen hatte, mit seinem früheren Leben nicht mehr zufrieden und wollte mehr vergießen.

Schließlich schloss er sich den Westfords an und feuerte seinen ersten Schuss über die Brustwehr ab, unter direkter Anleitung seines neuen Freundes. Es spielt keine Rolle, dass sein erster Schuss mehrere Meter über der deutschen Brustwehr flog; die Absicht war gut, und es ist immer noch möglich, dass die Kugel einen korpulenten Hunnen zur Tat getrieben hat, dessen Pflicht es war, Packpferde hinter der Schusslinie zu führen.

<hr>

Wochenlang verschwand Holy John, wie ihn seine Firma nannte, aus meinem Leben. Es gab noch viele andere Dinge, an die man denken musste – Bomben und Granaten, Angriffe und Gegenangriffe, „Sperrfeuer" und Grabenmörser und all die anderen Dinge, über die wir gerne gelehrt reden, wenn wir auf Urlaub nach Hause kommen. John North geriet für die damalige Zeit völlig in Vergessenheit.

Doch eines Tages, als der Große Vorstoß in vollem Gange war, traf ich ihn wieder. Aus seiner früheren Sicht war er traurig degeneriert; Von uns aus war er ein nützlicher Kerl mit einem nützlichen Gewissen geworden, das ihm sagte, dass England wollte, dass er so viele Hunnen wie möglich „erledigte".

Ich beaufsichtigte gerade die Arbeit an einem Graben, der früher einmal deutsch gewesen war, jetzt aber uns gehörte – die roten Flecken auf der weißen Kreide verrieten den Kampf um ihn –, als eine Stimme, die ich kannte, von weiter oben im Graben ertönte.

„Wenn Sie verdammt noch mal nicht besser marschieren, werde ich Ihnen keinen Schlag versetzen, das werde ich nicht", hörte ich, als die Spitze einer seltsamen kleinen Prozession um die Kreuzung kam. Am Ende von sechs stämmigen, aber niedergeschlagenen Deutschen kam Private John North, ein ehemaliger Kriegsdienstverweigerer, der seine Gefangenen mit lauten Flüchen und den markerschütternden Manövern eines Bajonetts, das er in seiner linken Hand schwang, vor sich hertrieb.

„Die Schönheiten gehören mir, Sir", sagte er, als er an mir vorbeiging. „Ich habe sie alle selbst besorgt und auch meinen kleinen Finger dafür bezahlt", und er hielt seinen bandagierten rechten Arm hoch, damit ich ihn mir ansehen konnte.

Und weit unten im Schützengraben hörte ich, wie er seine Gefangenen mit Drohungen ermutigte, die einem Piraten oder einem Chinesen Freude bereitet hätten.

Wie er im Alleingang sechs Feinde gefangen nehmen konnte, weiß ich nicht, aber man erzählte mir, er sei der erste Mann gewesen, der den deutschen Stacheldrahtzaun erreichte, und er habe zwei Verwundete aus dem Niemandsland mitgebracht.

Persönlich glaube ich kaum, dass sechs Deutsche ausreichen, um den kleinen Finger des Heiligen Johannes zu bezahlen, des ehemaligen Kriegsdienstverweigerers.

XIV

DAVID UND JONATHAN

ICH

So seltsam unterschiedlich sie auch waren, sie waren Freunde, seit sie sich vor elf Jahren in der Schule kennengelernt hatten. Jonathan – denn welche anderen Namen braucht man als die naheliegenden David und Jonathan? – war damals ein dicker Junge mit sandfarbenem Haar, der das Land innig liebte und dessen Hände, egal wie oft er sie wusch, immer mit Tinte befleckt schienen. Er empfand tiefe Bewunderung, fast Anbetung, für seinen dunkelhaarigen, dunkeläugigen David, der wild und musikalisch war.

Die Liebe zum Land war es, die sie zunächst zu Freunden machte, und David wurde sozusagen Jonathans Ausdrucksmittel, denn David konnte in Worte und später in Musik fassen, was Jonathan nur undeutlich und vage fühlen konnte. Jonathan war der typische britische Schuljunge mit einem verborgenen künstlerischen Sinn, während David eine Seele hatte und das wusste. Eine Seele zu besitzen, ist in der Schule in England eine unangenehme Sache, denn sie bringt ihrem Besitzer viel „Zerlumpen" und nicht wenig Verachtung ein, und Jonathan kämpfte viele Schlachten zur Verteidigung seines weniger verstandenen Freundes.

Elf Jahre hatten bei ihnen nur wenig materielle Veränderung bewirkt. Jonathan hatte sich nach ein paar kleineren Aufständen im Büro seines Vaters niedergelassen und lernte, den Ruf der offenen Straße und die halbfertigen Träume seiner Jugend zu vergessen. David hingegen wanderte über den Kontinent und lernte angeblich Sprachen für den Konsulardienst. In Wirklichkeit lernte er ein wenig Poesie, eine Reihe von Freunden und ein tiefes Musikwissen. Von Jonathan hatte er gelernt, seine Gefühle vor denen zu verbergen, die es nicht verstehen wollten, und seine Vernunft dazu zu bringen, die wilderen Launen zu besiegen, die ihm durch den Kopf gingen. Jonathan wiederum hatte eine Fähigkeit erlangt, Musik und Landschaften zu schätzen, von der er kaum wusste, dass sie durch kein noch so langes Büroleben jemals gemindert werden würde.

Dann brach der Krieg aus und führte sie wieder zusammen.

Zu Beginn dieser Zeit kam David, der sich in Madrid damit amüsiert hatte, jedem Spanier, der dafür bezahlte, die Grundlagen der Grammatik und einen großen Wortschatz an englischem Slang beizubringen, nach Hause und meldete sich mit Jonathan bei einem Linienregiment. Zwei Monate lang übten sie die sogenannten „Kriegskünste". Dann bewarben sie sich, hauptsächlich wegen eines seelenlosen Truppenführers, um Offiziersstellen im selben Regiment und erhielten sie auch.

In derselben Unterkunft ließen sie ihre Schulzeit noch einmal Revue passieren und riefen abends am Kaminfeuer bis spät in die Nacht alte Erinnerungen hervor, oder David erzählte von seinen Abenteuern im Ausland.

Als es für sie an der Zeit war, an die Front zu gehen, war das Schicksal immer noch auf ihrer Seite; Sie gingen gemeinsam zum selben Regiment in Frankreich und wurden zur selben Kompanie eingezogen. Gemeinsam stiegen sie zum ersten Mal in die Schützengräben, gemeinsam arbeiteten sie, gemeinsam kauerten sie unter der Brüstung, als die deutschen Granaten unangenehm nahe kamen, und die ganze Zeit über half Jonathan, ruhig und beharrlich, unbewusst dem anderen, der da war verflucht mit einer lebhaften Fantasie, beneidete ihn insgeheim um die Ruhe seines Freundes.

Nichts kann Freundschaften stärker festigen oder zerstören als der Krieg. Die erzwungene Gesellschaft, das Teilen von Gefahren, das gemeinsame Ertragen aller nur denkbaren Unannehmlichkeiten machen aus einem Kameraden oder Feind. Es gibt so viele Dinge, die die Geduld eines Menschen auf die Probe stellen, dass einem ein echter Freund, dem man sich anvertrauen kann, doppelt so lieb wird, während man einen Menschen hasst, der das Pech hat, einen Tag für Tag zu ärgern. Der Krieg machte David und Jonathan klar, wie viel ihre Freundschaft bedeutete und wie wichtig jeder für den anderen war, der eine wegen seiner anhaltenden Ruhe, der andere wegen der Erleichterung, die seine Liebe zur Musik und zur Natur mit sich brachte.

II

Gegen Ende April 1915 kehrten sie in ihre Unterkünfte in der Nähe von Ypern zurück. Im Norden tobt eine schreckliche Schlacht, die letzten Einwohner flohen aus der Stadt, und auf ihrem Weg donnerten riesige Granaten und explodierten mit entsetzlichen Rauchwolken zwischen den bereits zerstörten Häusern. Gelegentlich raste ein Motorradfahrer die Straße entlang, und ein- oder zweimal kam ein Krankenwagen mit seiner Ladung Verletzter und Verwundeter aus den Kämpfen im Norden vorbei.

Eines Morgens, als die Deutschen einigermaßen ruhig schienen, machten sich David und Jonathan Arm in Arm auf den Weg nach Ypern, um die Gegend zu erkunden. Gelegentlich ertönte ein Gebrüll – ein Summen, das sich zu einem Brüllen steigerte, dem kurz darauf eine furchtbare Explosion folgte –, das sie warnte, nicht über die Außenbezirke der Stadt hinauszugehen, und dort stießen sie auf eine große Villa, in deren Garten Flieder spross. In gegenseitigem Einverständnis bogen sie durch das hohe Eisentor ein und betraten das halb verfallene Haus.

Der zur Straße führende Teil des Hauses war durch eine große Granate zerstört worden. Über einem klaffenden Loch in der Decke stand ein Bett mit seltsam verdrehten Eisenbeinen, das jeden Moment aus dem Gleichgewicht zu geraten und in den Flur darunter zu stürzen drohte. An den Wänden hingen immer noch zerbrochene Bilderrahmen, und auf dem Boden in der Nähe lag ein Rosenkranz, das Kruzifix, das von einem rücksichtslosen Stiefel zertreten wurde. Die Möbel lagen in Haufen und die Haustür lag grotesk auf einem zerbrochenen Spiegel. Überall lagen Trümmer.

Die andere Hälfte des Hauses war noch fast intakt. In dem ehemaligen Salon fanden sie bequeme Stühle und ein ausgezeichnetes Pleyel-Klavier, während eine Ausgabe des *Daily Mirror* den Hinweis gab, dass der Raum bis vor Kurzem von britischen Truppen besetzt gewesen war.

David setzte sich ans Klavier und begann zu spielen, und Jonathan ließ sich in einen Sessel am Fenster fallen, um zuzuhören und den Wechsel von Wolken und Sonnenschein draußen zu beobachten. Es war einer dieser perfekten Aprilmorgen, farbenfroh und windig, und die Brise in den Fliederbüschen vermischte sich mit den Tönen des Klaviers, bis man sie kaum noch auseinanderhalten konnte. Das seltene Surren und die Explosion einer Granate verstärkten die dazwischenliegende Ruhe nur noch. Jonathan hatte sich noch nie so eins mit der Natur und mit seinem Freund gefühlt, und mehr als einmal, so stur und ruhig er im Allgemeinen auch war, verspürte er Tränen in den Augen, wenn er ein besonders schönes Stück Musik hörte oder die Herrlichkeit der Welt draußen sah.

Drittes Kapitel

„Kommst du heute Morgen zur Villa hoch?", fragte David seinen Freund ein oder zwei Tage später.

„Um halb elf muss ich zu einer verdammten Gewehrinspektion. Geh du, ich komme so schnell wie möglich dorthin", antwortete Jonathan und ging los, um mit seinem Zugführer zu sprechen, während sein Freund zur Villa schlenderte.

Als er eine Stunde später die Straße nach Ypern hinauffuhr, begegnete ihm ein berittener Ordonnanzoffizier. „Entschuldigen Sie, Sir, ich finde die Straße jetzt nicht mehr besonders schön", sagte er. „Sie werfen wieder schweres Zeug nach Ypern."

Jonathan lächelte. „Oh, das ist schon in Ordnung", sagte er. „Trotzdem danke, dass du mich gewarnt hast. Ich werde aufpassen." Und er eilte die Straße hinauf.

Erst als er die Villa betrat, bemerkte er etwas Ungewöhnliches. Plötzlich blieb er jedoch entsetzt stehen. Die Tür, durch die sie den Salon betraten, war verschwunden und an ihrer Stelle war eine riesige Lücke in der Wand. Die Möbel waren unter einer Schuttmasse begraben, und statt der vergoldeten

Decke war über ihm nur der blaue Himmel zu sehen. Das Klavier war noch unberührt, aber auf den Tasten und an der Wand dahinter waren Blutspritzer. Daneben lag David, halb mit Gips bedeckt, auf dem Boden. Er zwang sich, näher zu kommen und schaute noch einmal hin. Der Kopf seines Freundes war völlig zerschmettert und ein Arm fehlte.

Einige Minuten lang stand er still und starrte. Dann drehte er sich mit einem plötzlichen Zittern um und rannte los. Im Garten stolperte er über etwas und stürzte, aber er fühlte sich nicht verletzt, denn er hatte wahnsinnige Angst, und jeder Verstand war verloren. Er muss dem schrecklichen Ding da drin entkommen; er muss Meilen zwischen sich und der Vision legen; er muss rennen ... rennen ... rennen ...

IV

Zwei Soldaten fanden ihn mit wildem Blick und zitternd und brachten ihn zu einem Sanitätsoffizier. „Nerven, der arme Teufel, und noch dazu schlimm!", lautete die Diagnose; und bevor Jonathan wirklich wusste, was passiert war, lag er im Krankenhaus in Rouen.

Jeder wird nach einer gewissen Zeit moderner Kriegsführung „nervös"; selbst den Fantasielosesten können bei einem plötzlichen Schock die Nerven brechen.

So ist es auch mit dem sturköpfigen Jonathan. Nach einem Jahr ist er immer noch in England. „Warum geht er nicht wieder aus?", fragen die Leute. „Er sieht ganz gut aus. Er muss faulenzen." Aber sie merken nichts von dem nächtlichen Warten auf die gefürchteten, oft wiederholten Träume; sie können nicht von den schrecklichen Visionen sprechen, die der Krieg mit sich bringen kann, sie wissen nicht, was er bedeutet, diese Neurasthenie, diese Hölle auf Erden.

Es ist schwer zu vergessen, was vergessen werden muss. Wenn Sie „Nerven" haben, müssen Sie alles tun, um die Dinge zu vergessen, die sie verursacht haben. Wenn Sie jedoch alles, was Sie tun oder sagen, denken oder hören, auf irgendeine entfernte Weise an alles erinnert, was Sie vergessen müssen, ist die Genesung tatsächlich schwierig.

Deshalb ist Jonathan noch immer in England. Wenn er vom Krieg hört oder liest, denkt er an seinen toten Freund. Wenn er Musik hört – selbst eine Drehorgel –, ist das Ergebnis noch schlimmer. Wenn er versucht, dem allem zu entfliehen und sich auf dem Land versteckt, führen ihn die Vögel und die Fliederblüten zurück zu jenem Morgen in der Nähe von Ypern, als ihm zum ersten Mal bewusst wurde, wie viel ihm seine Freundschaft bedeutete. Und wann immer er an seinen Freund denkt, kommt ihm die schreckliche Leiche neben dem Klavier wieder vor die Augen, die er fest geschlossen hat, und seine Hände zittern erneut vor Angst.

Fünfzehntes Kapitel

Das Rumglas

UND ANDERE ABERGLAUBE DER SOLDATEN

Das bemerkenswerteste Merkmal der berühmten Geschichte der „Engel von Mons" war die Tatsache, dass Hunderte praktischer, unpoetischer und sturer englischer Soldaten vortraten und bezeugten, die Vision gehabt zu haben. Ob die Geschichte nun wahr oder erfunden war, sie ist ein hervorragendes Beispiel für eine Veränderung unseres Nationalcharakters.

Vor dem Krieg hätte der unromantische Engländer, der glaubte, eine Vision gehabt zu haben, nacheinander sein Sehvermögen, seine Verdauung, seine Nüchternheit und seinen Verstand beschuldigt, bevor er zugab, dass er etwas mit dem Übernatürlichen zu tun hatte. Jetzt erzählt er ohne die geringste Schamröte, dass er an Aberglauben, Zaubersprüche und Maskottchen glaubt und dass sein Glückszeichen ihm bei einem halben Dutzend Gelegenheiten das Leben gerettet hat.

Von all den vielen und seltsamen Aberglauben, die es heute in der britischen Armee gibt, hat der beliebteste mit dem Glas zu tun, das die Rumration enthält. Gerüchten zufolge wurde vor langer Zeit eine Gruppe, die die Rationen für eine Kompanie in den Schützengräben zusammenbrachte, von dem Gedanken an ein gutes Getränk in Versuchung geführt und scheiterte. Als der ganze Rum verbraucht war, stellte sich die Frage, wie man die Sache erklären könne, und der Geist der Gruppe schlug vor, das Glas zu zerbrechen und so zu tun, als wäre es von einer Kugel getroffen worden. Als die Gruppe den Graben betrat, wurde der wartenden Kompanie der Griff des Glases gezeigt und sie musste sich eine anschauliche Geschichte darüber anhören, wie eine deutsche Kugel, die Private Hawkes knapp verfehlt hatte, den gesamten Rum der Kompanie verschwendet hatte. Es gibt auch Gerüchte, dass der unsichere Gang eines Parteimitglieds die Geschichte Lügen strafte – aber das ist nebensächlich.

Aus diesem kleinen Zwischenfall ist ein weitverbreiteter Aberglaube entstanden: Deutsche Kugeln, so die Männer, lenken instinktiv in Richtung des nächsten Rumglases. Ein paar Querschläger haben dazu beigetragen, diesen Glauben zu festigen, und fast entlang der gesamten britischen Linie hält sich die Überzeugung, dass der Mann, der das Rumglas trägt, doppelt so riskiert, getroffen zu werden.

Maskottchen und Talismane spielen im Leben eines Soldaten eine wichtige Rolle. Ich kenne einen Mann, der in seinem Rucksack immer einen Rosenkranz mit sich trug, den er in einer der Straßen von Ypern gefunden hatte. Eines Tages wurde sein Bein an zwei Stellen durch ein großes Stück einer Grabenmörsergranate gebrochen, aber trotz seiner Schmerzen weigerte er sich, zum Verbandsplatz gebracht zu werden, bis wir seinen Rucksack durchsucht und seinen Rosenkranz gefunden hatten. „Wenn ich ihn nicht mitnehme", sagte er, „werde ich ihn auf dem Weg nach unten wieder finden."

Und das ist keineswegs ein Einzelfall. Fast jeder Mann an der Front hat ein Maskottchen – einen Rosenkranz, eine schwarze Katze, einen deutschen Knopf oder ein seltsames Schild –, das ihn beschützen soll.

Auch ihr Aberglaube ist zahlreich. Ein Mann ist überzeugt, dass er an einem Freitag getötet wird; ein anderer würde lieber ein trockenes – und damit wertvolles – Streichholz verschwenden, als sich damit drei Zigaretten anzuzünden; ein anderer wird sich glücklich schätzen, wenn er auf dem Weg zu den Schützengräben eine Kuh sehen kann; ein Vierter wird sich jeder Gefahr stellen, sich freiwillig für jede Patrouille melden, den schlimmsten Angriff ohne Bedenken überstehen, einfach weil er „das Gefühl hat, dass er unverletzt überstehen wird". Und das tut er im Allgemeinen auch.

Ich hatte einmal einen Diener, der einen Schuhknopf an einer Schnur um den Hals trug. Bei irgendeinem Dorfquartier in Frankreich hatte ihm ein kleines Mädchen ihn geschenkt, und er hütete ihn so sorgfältig, wie ein Diamantenhändler den großen Koh-i-noor-Stein hüten würde – tatsächlich bin ich überzeugt, dass er oft ohne Wäsche auskam Nur um das Risiko eines Verlusts beim Abnehmen und Wiederanbringen zu vermeiden. Für Sie in England erscheint es lächerlich, dass ein Mann hoffen sollte, sein Leben zu retten, indem er einen Schuhknopf an einem Stück Schnur trägt. Aber Sie haben die seltsamen Streiche, die das Schicksal mit Leben spielen wird, noch nicht gesehen. Sie haben nicht gesehen, wie oft eine Granate in einer Gruppe von Männern explodiert, einen völlig tötet und die anderen unberührt lässt; Sie haben nicht in einem Moment mit einem Freund gescherzt und im nächsten Moment neben ihm gekniet, um seine letzten Worte aufzufangen; Sie haben nicht nachts an einem hastig ausgehobenen Grab gestanden und sich gefragt, während Sie ein paar halb vergessene Gebete murmelten, warum der Kamerad, der dort auf einer wasserdichten Decke liegt, getötet werden sollte, während Sie unverletzt blieben.

Außerdem gibt es so viele Dinge, die einen Menschen abergläubisch machen und ihn in seinem Vertrauen in Maskottchen und Amulette bestärken. So mancher Mann hatte eine Vorahnung seines Todes, so mancher hat lange Monate im Krieg verbracht und wurde dann an dem Tag getötet, an dem er sein Maskottchen verlor.

Der Gedanke an Aberglaube erinnert mich an Joe Williams, den Ex-Polizisten. Joe Williams war Fatalist und glaubte jedes Wort, das er in seinem kleinen Buch der Prophezeiungen las, sodass er am Morgen des 4. Septembers niedergeschlagen und deprimiert war.

„Das ist verdammt sinnlos", brummelte er. „In meinem Buch steht, dass der 4. September ein katastrophaler Tag für England ist, und so wird es auch sein. Das Schicksal lässt sich nicht aufhalten." Und als seine Gruppe ihn wegen seiner Ängste auslachte, zuckte er bloß mit den Schultern und starrte in die Glut des Kohlenbeckens.

Der Tag verging ruhig und ich hatte Williams und seine düsteren Prophezeiungen völlig vergessen, als ein Unteroffizier zu meinem Unterstand kam. „Williams wurde von einer Bombe getroffen, Sir", sagte er, „und ist fast erledigt."

Am anderen Ende des Grabens lag Joe Williams dem Tode nahe, während seine Kameraden seine Wunden verbanden. Die Niedergeschlagenheit war aus seinem Gesicht verschwunden, und als er mich sah, bedeutete er mir, mich zu beugen. „Was habe ich Ihnen, Sir, über die Katastrophe für England erzählt?" er flüsterte. „Ist das nicht eine echte Katastrophe?" und er versuchte über seinen kleinen Scherz zu lachen, aber der Blutfluss erstickte ihn und er starb.

Vielleicht war er dem Ziel jedoch näher, als er gedacht hatte, denn es ist voreilig zu sagen, dass der Tod eines Mannes, der mit seinem letzten Atem scherzen kann, für England keine Katastrophe bedeutet.

Es mag Ihnen alles äußerst dumm und kindisch vorkommen; Es mag Ihnen auffallen, dass unsere Männer an der Front versuchen, das Schicksal zu bestechen, oder dass wir in die Zeit der Hexen und Zauberer zurückkehren. Aber es hat auch gute Seiten, dieses Anwachsen des Aberglaubens. Der Mensch ist eine so kleine, hilflose Schachfigur im rücksichtslosen Kriegsspiel, und der Tod kommt so plötzlich und so seltsam, dass die Seele instinktiv nach einem Zeichen eines schützenden Arms und einer wachsamen Macht sucht. Die Bibel, das Kruzifix, ein billiger kleiner Talisman – all das kann dem Mann im Graben Trost spenden und ihm die Illusion geben, dass er nicht zu denen gehört, die mit der Sichel des Todes gezeichnet sind.

Ein Mann, der zuversichtlich ist, dass er eine Schlacht unverletzt überstehen wird, tut dies im Allgemeinen, oder wenn der Tod kommt, begegnet er ihm mit einem Lächeln auf den Lippen. Der Mann, der damit rechnet, getötet zu werden, der nicht an irgendeine Schutzkraft glaubt – auch wenn diese nur durch einen gewöhnlichen Schuhknopf symbolisiert wird –, wird sehr bald vom Tod heimgesucht, aber selbst dann nicht, bevor er diese langen, morbiden Leiden durchgemacht hat Stundenlanges Warten, das die Keime der Angst hervorbringt.

Der Penny-Glücksbringer, der einem Mann in Gefahr Trost spenden kann, ist nicht lächerlich zu machen. Es mag ein Beweis für Unwissenheit sein, aber für den Menschen ist es ein Symbol seines Gottes und verdient daher allen Respekt und jede Ehrfurcht von anderen.

XVI

DER TEESHOP

Baker kam direkt nach dem Mittagessen zu mir. „Sehen Sie", sagte er, „ich bin nicht zufrieden."

"Was ist jetzt das Problem?"

„Ich möchte etwas Anständiges essen. Lass uns nach Poperinghe gehen und einen richtig gekochten Tee holen."

„Es sind zehn Kilometer", wandte ich ein, „und es ist ein verdammt heißer Tag."

„Umso besser für den Omelett-Appetit."

Ich dachte an die Omelettes im Teeladen von Poperinghe und wusste, dass ich verloren war. „Können Sie keine Pferde bekommen?", fragte ich.

„Kein Glück. Der Transport muss heute verlegt werden und da ist nichts los. Ich habe kurz vor dem Mittagessen nachgefragt."

Die Omelettes tanzten vor meinen Augen auf und ab, bis die dazwischenliegenden Meilen über hartes Kopfsteinpflaster zu nichts verschwanden. „Na gut", sagte ich. „Kannst du uns Urlaub holen? Ich bin gleich fertig." Und ich ging los, um mir von Jackson etwas Geld zu leihen, mit dem ich meine Omelettes bezahlen konnte.

Der Kirchturm von Poperinghe schimmerte in der Hitze und schien uns zu winken, weiterzugehen auf der geraden Straße, die kilometerweit durch das flache Land führte, hier und da unterbrochen von Abschnitten mit großen Hopfenstangen oder kleinen Bauernhöfen mit roten Dächern, auf denen Gestalten in Khakihosen lümmelten.

Auf jedem Feld weideten Dutzende Pferde, und auf jeder Spur standen endlose Reihen von Lastwagen, unter denen Männer in fettigen Uniformen herumkrochen oder auf den Sitzen schliefen. An einem Ort eilte ein schwitzender „Tommy" auf Händen und Knien über einen Bauernhof und bellte bösartig zugunsten eines kleinen blonden Mädchens und eines schmutzigen Foxterrierwelpen; und direkt über ihm schwang eine „Wurst", die im Sonnenlicht glänzte. Etwas außerhalb von Poperinghe trafen wir eine Gruppe von Männern nach der anderen, die mit Handtüchern bewaffnet am Straßenrand auf ein Bad in der Brauerei warteten, und als wir vorbeikamen, einen alten Mann, der erklärte, dass seine „Rheumakrankheit so schlimm sei, dass er sich nicht waschen könne". „versuchte, für das Versprechen eines Getränks ein brandneues Stück Seife zu verkaufen.

Die Sonne stand heiß am Himmel, und das Pflaster, das auf der Erde nichts Ermüdenderes zu bieten hat, schien rauer und härter als sonst; Lastwagen oder Autos mit Generälen schienen uns ständig zu zwingen, in den Graben auszuweichen, und uns war heiß und wir hatten wunde Füße, als wir über den Grande Place zum Teeladen stapften.

Aber hier waren wir zur Enttäuschung verurteilt, denn kein Stuhl war frei – „Kein Platz für einen Floh", wie Madame uns erklärte, und wir mussten unseren Appetit so gut zügeln, wie wir konnten.

Der Teeladen in Poperinghe! Wo könnte man hoffen, einen beliebteren Ort zu finden als den Teeladen zu Beginn des Jahres 1915? Wo könnte man bessere Omeletts bekommen, die von einer charmanteren kleinen Kellnerin serviert werden? – War sie wirklich charmant, frage ich mich, oder wirkte sie nur so *faute de mieux* ? Wo könnten Sie einen schöneren Ort finden, um Ihre Freunde aus anderen Regimentern zu treffen, Kaffee zu trinken und köstliche französische Kuchen zu essen? Es ist nicht verwunderlich, dass der Laden in Poperinghe in jenen alten Tagen vor der zweiten Ypernschlacht um vier Uhr nachmittags immer überfüllt war.

So geduldig wie möglich warteten Baker und ich mit Luchsaugen, bis zwei Stühle frei waren.

„Mademoiselle", riefen wir, „deux omelettes, s'il vous plait."

„Bien, messeurs, tout de suite."

Aber wir waren viel zu hungrig, um zu warten, und bevor die Omeletts kamen, hatten wir einen großen Teller Kuchen abgeräumt. Nach Wochen des gleichgültigen Grabenkochens ist das erste gut gemachte Omelett eine große Freude, und als ich meine Gabel weglegte, warf ich einen fragenden Blick auf Baker.

„Eher", antwortete er auf meine unausgesprochene Frage.

„Mademoiselle, encore deux omelettes, s'il vous plait", befahl ich. „Nous avons une faim de loup."

„Je m'en aperçois, messieurs les officiers", antwortete unsere schöne Zauberin, als sie davoneilte, um unseren Befehl in der Küche zu wiederholen, während eine Schar räuberischer Offiziere uns mörderisch anstarrte, als sie feststellten, dass wir nicht die Absicht hatten, unsere Plätze zu verlassen so früh. „Manche Kerle sind Schweine", murmelte einer.

„Das war großartig", sagte Baker, als wir uns auf den Heimweg machten. „Aber sechs Meilen sind ein verdammt langer Weg."

Ich persönlich genoss diese sechs Meilen durch die Dämmerung jedoch, denn wir schienen das Summen des Verkehrs und die Rufe der

Zeitungsjungen zu hören. Unser Tee brachte Andenken an England mit nach Hause, und wir unterhielten uns über London und unsere Heimat, über Theater und die Küstenpatrouille an den südlichen Klippen, bis vor uns die kleinen niedrigen Hütten unseres Lagers auftauchten.

Es ist nun fast zwei Jahre her, seit Baker getötet wurde. Er wurde vergast in einem Unterstand auf dem Hügel 60 aufgefunden, und an seiner Seite lag sein Diener, der bei dem Versuch, ihn in die relative Sicherheit des offenen Grabens zu zerren, ums Leben gekommen war. Fast zwei Jahre sind vergangen, seit ein anderer Freund sein Leben für sein Land geopfert hat; Fast zwei Jahre sind vergangen, seit eine andere Mutter in England erfuhr, dass ihr Sohn bei einem „leichten Ablenkungsmanöver auf dem Ypernbogen" getötet worden war!

Aber genau so hätte er sterben wollen.

XVII

„HIER KOMMT DAS ALLGEMEINE"

Ein Diener brachte mir eine Nachricht in meinen Unterstand:

„Kommen Sie herunter und essen Sie zu Mittag im Graben 35D", hieß es, „im Unterstand der Offiziere der C-Kompanie. Gäste werden gebeten, eigene Teller und Besteck mitzubringen; und, wenn es anständig ist, ihr eigenes Essen. Speisekarte beigefügt. RSVP"

Das Menü war wie folgt:

MITTAGESSENMENÜ DER C COMPANY IN IHRER LANDRESIDENZ „THE RETREAT", 15.05.15.

SUPPEN

Suppe à la Bully Beef. Suppe à l'Oxo.

FISCH

Lachs (und Garnelenpaste) ohne Mayonnaisesauce. Sardinen à l'Huile (falls jemand welche anbietet).

HAUPTGERICHTE

Maconochie, sehr alt. Bully Beef und Salzkartoffeln.

SÜßSPEISE

Ananasstücke, frisch aus der Dose. Englischer Johannisbeerkuchen.

PIKANTES

Welsh Rarebit.

Ich las die Speisekarte durch und beschloss, das Risiko einzugehen. Nachdem ich mir das nötige Geschirr besorgt hatte, marschierte ich durch eine ganze halbe Meile Schützengräben zur C-Kompanie. Der Unterstand der Offiziere befand sich im Keller eines alten Häuschens, das direkt an unserer Schützengräbenlinie lag. Der einzige Zugang dorthin erfolgte über eine sehr schmale Treppe, die vom Graben nach unten führte. Als ich ankam, war der Innenraum von drei in Flaschen gesteckten Kerzen erleuchtet, die Offiziere an fast jedem freien Platz zeigten, mit Ausnahme einer Ecke, wo ein Telefonpfleger mit seinem Apparat stand. Ich besetzte das einzige unbewohnte Stück Land, das ich finden konnte, und wartete auf die Ereignisse.

Die Suppe war umgekippt, denn der Moment, als der Diener sie aus dem Freien herunterbringen wollte, war der Moment, der für eine Probe des berühmten Spiels „Hier kommt der General" gewählt wurde. Die Regeln dieses Spiels sind einfach. Sobald jemand den Zauberspruch ausspricht, stürmt sofort die Treppe hinauf, und der Gewinner des Spiels ist derjenige, der es schafft, als Erster oben anzukommen und so den imaginären General mit seiner Schlauheit zu beeindrucken.

Die Suppe hatte in der Stampede der elf Beamten nur eine geringe Chance, die Kerzen wurden hinausgeworfen, und es entbrannte ein langer Streit darüber, wem welcher Teller gehörte, und warum Martins Löffel in Fentons Hals gerutscht war, und ob dieser seinen eigenen Löffel abgeben musste, um seinen unbeabsichtigten Diebstahl wiedergutzumachen.

Endlich war die Ordnung wiederhergestellt und das Essen verlief vergleichsweise friedlich, als plötzlich Jones, der nicht zum Mittagessen eingeladen war, oben auf der Treppe erschien.

„Hört mal, Jungs", rief er aufgeregt. „Da kommt der General."

„Lügner!", rief jemand. Aber die Zauberworte durften nicht unbemerkt bleiben, auch wenn wir gerade Ananasstücke aßen und diese sehr klebrig sind, wenn man sie über die Kleidung schüttet.

Es kam zu einem fürchterlichen Gerangel, bei dem alle - mit Ausnahme von Walters, der sich mit der Dose Ananas in die hinterste Ecke stellte - gemeinsam versuchten, die Stufen hinaufzuklettern, die gerade breit genug waren, dass jeweils ein Mann hindurchpasste.

Eine zusammengewürfelte Masse von Offizieren, die sich alle krampfhaft aneinander klammerten, stürmte plötzlich in den offenen Schützengraben – fast vor die Füße des Generals, der in diesem Moment um die Traverse herumkam und in ihr Blickfeld kam.

Als ich etwa eine Stunde später zum Unterstand der C-Kompanie zurückkehrte, um zu versuchen, meinen Teller und alles andere, was nicht zerschlagen worden war, zurückzuholen, traf ich auf drei Offiziere, die eine Nachricht lasen, die gerade telefonisch vom Bataillonshauptquartier eingegangen war. Ihm war die übliche Anzahl geheimnisvoller Buchstaben und Zahlen vorangestellt und es lautete:

„Der Brigadier hat mit Bedauern die Tendenz mehrerer Offiziere bemerkt, sich in einem Unterstand zusammenzudrängen. Diese Praxis muss aufhören. Ein Offizier sollte seinen Unterstand so nah wie möglich an dem seiner eigenen Männer haben und seine Zeit nicht darin verbringen." die Unterstände von Offizieren anderer Unternehmen.

„Hier kommt der General!" flüsterte jemand.

Ich stieg als Erster die Stufen hinauf und eilte, einen ramponierten Teller in der Hand, an den Schützengräben entlang zu meinem Unterstand.

XVIII

DER SCHLECK IM KRIEG

Sogar der Apathischste von uns hat sich durch den Krieg verändert – der, der in Friedenszeiten mit seinen Geschäftsbüchern und seinem täglichen Bürogang zufrieden war, ist jetzt in den Reihen der Männer, die über die Brustwehr klettern und jubelnd zu den deutschen Linien stürmen; Sie, die für Golf, Tanz und Theater gelebt hat, kümmert sich jetzt während der langen Nächte im Krankenhaus um die Verwundeten. Jeder in jeder Lebensschicht hat sich verändert – der „Faulpelz" ist zum Soldaten geworden und der Einbrecher ist ein gesunder, ehrlicher Mann geworden.

Seltsam ist, dass der Krieg, von dem man erwarten könnte, dass er alle tierischen Leidenschaften in uns weckt, uns so viel Gutes getan hat! Unter den Männern in den Schützengräben gibt es viele Hundert, die sich vor dem Krieg in den Polizeigerichten und Gefängnissen viel wohler fühlten als der durchschnittliche Londoner bei einem öffentlichen Abendessen. Dass sie mutig sind, ist nicht verwunderlich, denn das Abenteuer liegt ihnen in den Knochen, aber sie sind auch genauso treu, ebenso vertrauenswürdig und der Disziplin gegenüber ebenso diszipliniert wie alle Soldaten, die wir besitzen.

Da war zum Beispiel „Nobby" Clarke. „Nobby" war ein schmächtiger kleiner Cockney, der mein „Batman" oder Diener wurde. Er hatte die volle Kontrolle über meine Geldbörse, erledigte alle meine Einkäufe und feilschte um jeden meiner halben Penny, als wäre es sein eigener. Dann, als er mir über sechs Monate lang gedient hatte, hörte ich eines Tages, wie er von seinen Erfahrungen im Gefängnis erzählte, und entdeckte, dass er ein Dieb und Taschendieb gewesen war, der in allen Londoner Polizeigerichten bekannt war. In seinen seltsamen Momenten außerhalb des Gefängnisses schwebte er vor den größeren Bahnhöfen, berührte mit einem schmutzigen Finger eine heruntergekommene Mütze und sagte: „Kerry, bittet Ihr, Sir?" in einem drohenden Ton gegenüber allen Passanten; Sein Haupteinkommen schien jedoch aus weit weniger angesehenen Quellen zu stammen.

Und doch hat er mir treuer gedient, als mir jemals zuvor oder seitdem gedient wurde, und es hat mir selten mehr leid getan als damals, als „Nobby" Clarke getroffen wurde. Als wir ihn fesselten – er war an acht Stellen durch eine Gewehrgranate verletzt worden –, gab er mir ein Zeichen, und ich beugte mich über ihn.

„Ich habe niemanden zu Hause, der sich um mich kümmert", sagte er, „also könnten Sie und ich zu den Jungs hier gehen. Ich habe ein Foto von meiner alten Frau, die vor fünf Jahren gestorben ist." . Es steht in meinem Gehaltsbuch, Sir, und ich möchte, dass Sie es behalten, um Sie an mich zu erinnern. Dann wurde seine Stimme immer schwächer: „Ich war nicht so ein schlechter Diener für Sie, wie ich, Sir?" flüsterte er und seine Augen schauten flehend in meine. Und als „Nobby" Clarke, ein ehemaliger Faulenzer und Taschendieb, starb, schäme ich mich nicht, zuzugeben, dass ich einen seltsamen Kloß im Hals hatte.

Und er war nur einer von vielen, dieser „Nobby" Clarke. Da war Bennett, der Landstreicher, der immer ein Lied auf Lager hatte, um die Müden auf dem Marsch aufzumuntern; da war ein jüdischer Geldverleiher, der getötet wurde, als er versuchte, einen Mann zu retten, der verwundet im Niemandsland lag; da war Phillips, der wegen Totschlags verurteilt worden war – er wurde Krankenträger und war im ganzen Bataillon für seine Fürsorge für die Verwundeten bekannt.

In jedem Regiment jeder Armee findet man eine kleine Gruppe von Männern, die Landstreicher, Bettler und Diebe waren, und fast ausnahmslos haben sie es geschafft, „etwas zu erreichen". Zum ersten Mal in ihrem Leben wurden sie als Mitglieder einer großen Gesellschaft akzeptiert und nicht als Ausgestoßene vertrieben. Die Armee hat sie willkommen geheißen, ihnen Disziplin beigebracht und ihnen die Grundlagen der Selbstachtung beigebracht – eine Eigenschaft, deren bloße Existenz sie vor dem Krieg ignoriert hatten.

Es gibt ein italienisches Sprichwort – „Tutto il mondo è paese" – das im weitesten Sinne bedeutet: „Die ganze Welt wird von denselben Leidenschaften und Eigenschaften beherrscht." Früher brauchte es einen Dickens und später einen Neil Lyons, um die Eigenschaften der kriminellen Klassen zu entdecken; jetzt hat der Krieg uns alle zusammengeführt – der ehemalige Stadtkaufmann wärmt sich vor demselben Kohlenbecken wie der Mann, der drei Jahre zuvor seine Tasche geklaut hätte – und wir stellen plötzlich fest, dass wir nicht besser sind als der Bettler und dass ein Mann, der Äpfel von einem Stand gestohlen hat, im Herzen nicht schlechter ist als der Einwohner von Mayfair.

Es ist nicht so, dass unsere Vorstellungen von Größe degeneriert wären, wenn wir diese Männer Helden nennen; es ist nicht so, dass Krieg durch und durch etwas Böses ist, sodass der Verbrecher als Krieger glänzt – es ist so, dass diese „Ausgestoßenen" sich verändert haben. Statistiken belegen, dass die Kriminalität seit Kriegsbeginn zurückgegangen ist und die Kriminalität weiter zurückgehen wird, denn dieser undefinierbare Instinkt, den wir Patriotismus nennen, hat alle Klassen gleichermaßen erfasst, sodass der Verbrecher das höchste Opfer genauso großartig bringen kann wie der Mann, der sein ganzes Leben lang „auf dem rechten Weg geblieben" ist.

Und das Beste daran ist, dass diese Reform unter Einbrechern und Bettlern nicht „nur für die Dauer des Krieges" gilt. Der Krieg hat uns, unsere Söhne und Väter, verloren, er hat schreckliches Leid und Leid über die Welt gebracht, aber er hat den Ärmsten eine Chance gegeben, die sie noch nie zuvor hatten. Sie sind keine Ausgestoßenen mehr; Sie sind Mitglieder der Gesellschaft und werden es auch bleiben. Wenn dies alles wäre, was ein Krieg bewirken könnte, wäre es immer noch unser größter Gewinn, dass die große Geißel über die Welt geht.

XIX

„PONGO" SIMPSON ÜBER OFFIZIERE

„Ordnungsoffiziere", sagte „Pongo" Simpson, „sind komische Typen. Ich habe eine Familie mit sechs Kindern zu Hause, Emma nicht mitgerechnet, die im Dienst ist, und ich schätze, mein Ordnungsoffizier macht mehr Mühe, als die ganze Truppe zusammen. Es heißt immer: ‚Simpson, wo zum Teufel sind meine Wickelgamaschen?' oder ‚Simpson, du hast diesen Knopf hier an der falschen Stelle angenäht' oder ‚Simpson, die Suppe schmeckt wie Kakao und der Kakao schmeckt wie Suppe' – erwartet er von mir, dass ich eine verdammte Sammlung von Feldflaschen trage? Finden sie nicht, dass es besser ist, Kakao zu trinken, der ein bisschen Suppe enthält, als eine Feldflasche, die in der Schale eines Toten gewaschen wurde? Wenn wir morgen nach Berlin fahren würden, müsste ich die halbe Nacht damit verbringen, seine Stiefel und Knöpfe zu putzen.

„Ja, er ist ein komischer Typ, mein Orficer, aber mein Gott!" – und hier erwartete Simpson, seiner Aussage Nachdruck zu verleihen – „Ich würde ihm gegen eine Menge Uns folgen, oder gegen viele." von Frauen, was auf ihre Männer wartet, was nicht um drei Uhr morgens zu uns kommt, oder was auch immer du denkst, „Er ist ein hilfloser Kerl, und er hat komische Ideen zum Rasieren und Waschen" – Art von Krankheit, wissen Sie – aber es ist eine gute Art, wenn man weiß, dass es sich um kleine Krankheiten handelt.

„Erinnern Sie sich an den jungen Mr. Wilkinson?", fragte „Pongo", und einige der „alten Hasen" im Unterstand nickten zustimmend. „Er war ein Einser, das war er", fuhr „Pongo" fort. „Erinnern Sie sich an den Tag, als wir auf 360 vergast wurden? Er war damals mein Kumpel, und ich war die ganze Zeit bei ihm. Er war ein richtiger Junge! Als das Gas ausging, waren nur noch fünf von der A-Kompanie übrig, die unter seinem Kommando standen, und wir wussten, dass die Jungs angreifen würden, sobald sie dachten, wir wären richtig ausgelöscht. Und Mr. Wilkinson war gut. Überall im Graben legte er die Gewehre der Jungs auf die Brustwehr, und wir sechs rannten wie ein Haufen Kaninchen den Graben rauf und runter und feuerten ein Gewehr nach dem anderen ab, bis die Alleymans dachten, wir wären ein ganzes Bataillon. Die einzigen Male, als Mr. Wilkinson keine Gewehre abfeuerte, zündete er Bomben, genauso beschäftigt wie das kleine Mädchen hinter dem Tresen des Nag's Ead an einem Samstagabend. Er muss an diesem Tag eine ganze Menge Jungs mit Bombenstücken in der Hand nach Hause geschickt haben. ihnen.

"Und Sie hätten Mr. Wilkinson sehen sollen, als der Sergeant sich entschied, aufzugeben und zur zweiten Linie zurückzukehren! Wir hatten mehr oder weniger das ganze Gas in uns und er konnte kaum sprechen, so schlimm war es, aber als er den Sergeant sagen hörte, dass er zurückgehen würde, schrie er wie der Colonel bei einer Bataillonsparade. ‚Verflucht, Sergeant!‘, schrie er, ‚was bringt es, zurückzugehen? Wir müssen diesen Graben räumen oder ihn besetzen. Wenn Ihnen die Luft da unten nicht gefällt, kommen Sie mit mir auf die Brustwehr.‘ Und er springt auf die Brustwehr, während das Gas verfliegt und die Fritzes nur 30 oder 40 Yards entfernt sind.

„Es? Natürlich war er es. Er lachte wie ein Kind, das Äpfel stiehlt – ganz aufgeregt –, als sie ihm mitten ins Gesicht trafen und er auf der anderen Seite der Brustwehr herunterfiel. Aber er hatte getan, was er wollte, denn der Sergeant sprach nicht mehr davon, zurückzugehen. Er kroch über die Brustwehr und holte den armen Mr. Wilkinson zurück und traf ihn dabei auch noch am Bein. Aber das war ihm egal, denn er war unterwegs, um sich selbst zu retten, der Sergeant, und wir blieben noch eine Stunde in diesem verdammten Schützengraben, bis die Kerle den Verbindungsgraben hinaufstiegen, um uns zu helfen. Es gibt eine Menge Medaillen, die an Kerle gehen sollten, die sie nicht bekommen, und es hätte Mr. Wilkinsons Mutter vielleicht geholfen, wenn sie ihm das VC gegeben hätten, aber es gab keine anderen „Es waren 3 Offiziere da und sie haben uns Jungs überhaupt nicht zur Kenntnis genommen.“

„Apropos 60“, sagte Bert Potter, „da war dieser Captain – ich erinnere mich falsch an seinen Namen – wissen Sie, dieser Kerl, der auf der Farm Ärger bekam, weil er einer Kuh eine Dose Rinderhack gab, und die Kuh starb am nächsten Tag. Ich war mit einem Maschinengewehr in seinem Schützengraben, als er ein kleines Stück abbekam. Ein Stück aus einer Granate traf ihn im Oberschenkel, und er lachte wie verrückt, weil er eine ‚weiche‘ Wunde hatte. Er sagte sogar, er könne jetzt zum Verbandsplatz gehen, und wir beneideten ihn wie verrückt und dachten, es sei nur eine Fleischwunde. Ich bekam sie am nächsten Tag und ging in dasselbe Krankenhaus, in dem er war. Sein Oberschenkelknochen war völlig zertrümmert, und sie hatten ihm gerade das Bein abgenommen, als ich ihn sah. Er war schwach wie ein Kind und munter wie ein Sparringsmann und fluchte nur, weil Für den Rest des Krieges war er nicht mehr bei der Sache. Ich habe nie gehört, was mit ihm passiert ist, aber die Krankenschwester hat mir erzählt, dass sie Angst hatten, er würde sich nicht erholen, wegen Emmyridge oder so ähnlich. Und er war auch nicht älter als einundzwanzig Jahre, der arme Kerl.“

„Aber dem Sanitätsoffizier kann man nichts vormachen“, sagte Jones, einer der Krankenträger, der in den Schützengräben Dienst tat. "Er muss nicht kämpfen, aber Sie sollten ihn sehen, wenn hier oben viel los ist. Mantel aus und Ärmel hoch, arbeitet er für uns, bis jeder Mann, der kein Pferd ist, tot umfällt. Er ist hart gegen die Drückeberger und Geizhälse – er ist die Art von Kerl, die Ihnen eine Dosis Rizinusöl gegen Ohrenschmerzen oder erfrorene

Füße geben würde, aber er ist wie eine Mutter mit den Verwundeten. Ich habe ihn auch gesehen, wie er den Einschnitt entlangging, als die Donnerkanonen den ganzen Weg hinunter donnerten, und einen Verwundeten in seinen Armen trug, so ruhig, als wäre er ein altes Mädchen, das ein Paket die Regent Street entlang trägt. Und dann", sagte Jones, als er den größten Punkt nannte, der für den MO sprach, "ist er der beste Stürmer an einem nassen Tag, den ich je gesehen habe."

Genau in diesem Moment ertönte eine Stimme weiter oben im Graben. „Simpson", sagte sie, „wo zum Teufel ist meine Zahnbürste?"

"Kommt gerade, Sir. Ich hab's", antwortete "Pongo" Simpson und zog eine schmierig aussehende Zahnbürste aus seiner Tasche. "Hier, geben Sie uns die Feldflasche mit dem Wasser", sagte er ruhig, "ich habe seine Zahnbürste gestern benutzt, um seine Stiefel einzufetten – ich dachte nicht, dass er es vermissen würde, denn Sie kommen nicht hierher, um sich die Zähne zu waschen. Diese Offiziere hier haben komische Methoden. Aber", fuhr er fort, während er die Bürste am Ärmel seiner Tunika trockenwischte, "was das Auge nicht sieht, trauert das Herz nicht. Er wird nur denken, dass es das Wasser ist, das schmierig ist."

„Simpson", erklang etwa einen Moment später die Stimme weiter am Graben, „das ist das fettigste Wasser, das ich je getrunken habe. Was zum Teufel du damit gemacht hast, weiß ich nicht."

XX

DIE HAND DES SCHATTEN

„Kommen Sie herein", sagte Margery Debenham, während sie träge die Augen öffnete, um dem Sonnenlicht entgegenzublicken. „Stell bitte meinen Tee auf den Tisch, Mary. Ich bin noch zu müde, um ihn zu trinken."

„Da ist ein Brief von vorne, Miss", sagte Mary mit Nachdruck, als sie den Raum verließ.

Margery war in einer Sekunde wach. Sie sprang aus dem Bett, schlüpfte in einen Morgenmantel und rannte mit dem Brief in der Hand zum Fenster, um ihn in der Morgensonne zu lesen. Als sie den Umschlag aufriss und nur ein kleines Blatt Papier darin fand, machte sie einen kleinen *Anflug* von Enttäuschung, aber die ersten Worte des Briefes verwandelten ihn in einen Seufzer der Freude. Es war auf den 13. September datiert und lautete:

" MEIN LIEBLING ,

"Endlich habe ich meinen Urlaub bekommen und komme nach Hause, um zu heiraten. Unsere monatelange Wartezeit ist vorbei. Ich fahre morgen Nachmittag von hier ab, werde unterwegs irgendwo übernachten und am späten 15. oder am Vormittag des 16. in London ankommen. Ich muss den Tag in der Stadt verbringen, um ein wenig einzukaufen (bei meiner eigenen Hochzeit hätte ich mich in den Kleidern, die ich jetzt trage, nicht gut sehen lassen) und rechne damit, am 17. um 15.20 Uhr in Silton anzukommen. Am 24. muss ich wieder in diesem Loch sein, damit wir, wenn wir am Samstag heiraten, eine ganz nette kleine Hochzeitsreise haben werden. Liebling, Kleines! Ist das nicht zu schön, um wahr zu sein? Ich kann mir kaum vorstellen, dass ich innerhalb einer Woche

„Dein ergebener und unterwürfiger Ehemann

RONALD ."

„P.S. – Ich habe Vater geschrieben und er wird alle Vorbereitungen für Samstag treffen.

„PPS – Darf ich im Salon rauchen?"

Margery Debenham lehnte sich aus dem Fenster und blickte auf den Garten und den Obstgarten dahinter. Das Licht flackerte durch die Bäume des alten gepflasterten Weges, den sie und Ronald so oft entlang gewandert waren, und sie konnte gerade noch sehen, wie das hohe Gras am Ende des Obstgartens wehte, wo sie früher saßen und über die Zukunft diskutierten. Alles erinnerte sie an ihren Geliebten, der zu ihr zurückkam und morgen

Nachmittag wieder bei ihr sein würde. Beim Gedanken an die fünf langen, ermüdenden Monate des Wartens, die vergangen waren, und an die acht Tage des Glücks, die bevorstanden, liefen ihr zwei kleine Tränen aus den Augen und über ihre Wangen. Sie wischte sie ungeduldig beiseite, denn sie war zu beschäftigt, um zu weinen. Sie muss rennen und es ihren Eltern sagen; sie muss sich beeilen, um mit Ronalds Vater zu sprechen; sie muss ihren Freunden schreiben; sie musste zum Grund des Obstgartens hinunterlaufen und eine Weile nach den Forellen Ausschau halten, die in dem kleinen Bach lagen; Sie musste lachen und singen, bis das ganze Dorf Silton wusste, dass ihr Warten ein Ende hatte und dass Ronald wieder in England war.

Kapitän Ronald Carr hob seinen Rucksack auf die Schulter und wandte sich an drei Offiziere, die ihn neidisch ansahen. „Freut euch, ihr Jungs", sagte er, „denkt in zwei Tagen an mich, während ihr von den Hunnen ‚beschossen' werdet und in einem Taxi durch die Stadt rennt", und er winkte mit der Hand marschierte zum Bataillonshauptquartier, gefolgt von Butler, seinem Diener. Vom Bataillonshauptquartier musste er noch zwei Meilen bis zur Kreuzung laufen, wo er seinen Stallknecht mit seinem Pferd treffen sollte, aber der Tag war heiß und er kam eher langsam voran. Seine erste Viertelmeile verlief entlang eines schmalen und gewundenen Verbindungsgrabens; Danach verlief der Weg über eine versteckte Straße, aber riesige Granattrichter verrieten, dass die deutsche Artillerie ihn gut markiert hatte.

Weiter rechts war ein Bombardement im Gange, und die dumpfen Schüsse der Kanonen drangen schläfrig durch den Septemberdunst; über ihm sang eine Feldlerche lustvoll; das hohe Gras am Straßenrand duftete süß und saftig. Als Ronald Carr die Straße entlangschritt, lachte er in sich hinein über die Gerechtigkeit der Welt.

Plötzlich explodierte eine Granate über einigen Bäumen ein paar hundert Meter entfernt, und als der weiße Rauch davonzog, bemerkte er eine Veränderung.

Was wäre, wenn er auf dem Weg nach unten verwundet würde? Beim nächsten Warnsignal einer Granate duckte er sich wie nie zuvor, denn Captain Carr war kein Mann, der sich oft ohne Grund duckte.

Eine weitere Granate kam, und noch eine, und mit jeder Granate wuchs sein Gefühl. So muss sich eine Maus fühlen, dachte er, wenn eine Katze mit ihr spielt. Er fühlte sich, als wäre er einem riesigen Riesen ausgeliefert, und jedes Mal, wenn er zu fliehen versuchte, fiel der Schatten einer riesigen Hand auf den Boden um ihn herum, und er wusste, dass die Hand über ihm darauf wartete, ihn zu zerquetschen. Bei diesem Gedanken wurden die Haare auf seiner Stirn feucht; immer wieder unterdrückte er seinen verrückten Drang, schneller zu gehen, und ertappte sich dabei, wie er verstohlen zu seinem Diener hinüberblickte, um zu sehen, ob dieser das seltsame Verhalten seines Kapitäns bemerkte. Angenommen, die Hand würde ihn zerquetschen, bevor er nach England zurückkehren konnte, nach Hause, zu seiner Hochzeit!

Plötzlich waren vier kurze, laute Zischgeräusche zu hören, und dicht vor ihnen explodierten vier Granaten auf der Straße.

„Sie durchsuchen die Straße. Schnell, in den Graben", rief Carr seinem Diener zu, als er in einen alten Graben sprang, der am Straßenrand entlang verlief. Butler drehte sich um, um dasselbe zu tun, rutschte auf dem *Pflaster aus* und fiel schwer, wobei er sich den Knöchel schwer verstauchte. Bevor der Mann sich in Sicherheit bringen konnte, würde dieses hasserfüllte Zischen wieder erklingen, und dieses Mal würden sie wahrscheinlich näher kommen und wie durch ein Wunder entkommen. Captain Carr sprang erneut aus dem Graben und half seinem Diener auf die Beine.

„Halte dich an mir fest, Mann!", und einen Moment später rief er: „Runter, da kommen sie schon wieder!", und sie warfen sich auf ihr Gesicht, kaum zwei Fuß vom Graben und ihrer wahrscheinlichen Rettung entfernt.

Als Butler nach den vier Explosionen seinen Kopf wieder hob, lag Captain Ronald Carr tot neben ihm. Die Hand hatte ihre Beute gepackt.

Margery Debenham stand vor ihrem Spiegel und bereitete sich darauf vor, mit dem Zug um 15:20 Uhr loszufahren, um Ronald abzuholen, als Mr. Carr kam und ihr den Erhalt des Telegramms des Kriegsministeriums mitteilte.

Als sie die Nachricht hörte, konnte sie keine Tränen vergießen; sie war betäubt und ein wenig gelangweilt von den Plattitüden des Trostes, die die Leute von sich gaben. Als sie entkommen konnte, ging sie langsam den gepflasterten Weg hinunter, den sie früher zum Obstgarten gegangen waren, wo zwei Menschen voller glücklicher Zuversicht der Jugend die Zukunft geplant hatten. Sie warf sich in das hohe Gras am Bach und vergrub ihr heißes Gesicht in den Händen.

"Was soll das alles heißen?" sagte sie sich. Dann, eine Minute später, dachte sie an all die anderen Frauen, die den gleichen Schmerz ertragen mussten, und das alles ohne Grund. „Es gibt keinen Gott", rief sie leidenschaftlich. „Niemand kann mir helfen, denn es gibt keinen Gott." Tag für Tag, Nacht für Nacht des Wartens und alles umsonst. All diese Stunden der Qual, in denen die Zeitungen von „Ablenkungen" an der britischen Front sprachen, belohnt mit der größten Qual, dem plötzlichen Verlust aller Hoffnung. Sie müssen nicht mehr jeden Morgen in den Opferlisten nach einem geliebten, aber gefürchteten Namen suchen; das war jetzt alles erledigt.

Das Platschen einer springenden Forelle im Becken unter der Weide lenkte ihre Gedanken für den Bruchteil einer Sekunde von ihrem Schmerz ab — gerade genug Zeit, um den beruhigenden Tränen freien Lauf zu lassen.

„Oh Gott", murmelte sie, „hilf mir zu verstehen, warum. Hilf mir, Gott, hilf mir!" Und sie brach in Schluchzen aus, ihr Gesicht in das kühle, lange Gras gedrückt.

XXI

DER VETERANE

Der alte Jules Lemaire, ehemaliger Sergeant im 3. Linienregiment, hob sein Weinglas.

„Bonne Chance", sagte er, „und möge es Ihnen gelingen, die Teufel zu bekämpfen, wie wir es 1870 und 1871 getan haben, und zwar mit mehr Erfolg."

„Genug von Ihnen und Ihrem 1870", sagte jemand grob. „Wir ziehen los, um dort zu siegen, wo Sie verloren haben; in diesem Krieg wird es weder Woerth noch Sedan geben. Wir werden die Preußen nach Berlin zurückdrängen; Sie lassen sie nach Paris marschieren. Wir werden handeln, während Sie nur reden können – Sie sind viel zu alt, wissen Sie, Père Lemaire."

Der Ex-Sergeant stellte sein Glas mit einem Ruck ab, als hätte ihn jemand geschlagen. Er blickte in die Runde, die den vorderen Raum des Faisan d'Or füllte, und in den Gesichtern der Männer, die jahrelang zu ihm als dem Helden des Jahres 1870 aufgeschaut hatten, sah er jetzt nur noch Kampfeslust. Er war alt, vergessen und nicht mehr respektiert, und der Schlag war schwer zu ertragen.

Die Kriegswolke zog von Osten herauf, und die französische Armee mobilisierte für den Ersten Weltkrieg. Die Bauern des Dorfes waren gerade einberufen worden, und innerhalb einer halben Stunde würden sie auf dem Weg zu den Depots ihrer verschiedenen Regimenter sein, während Jules Lemaire, Feldwebel, mit den Krüppeln, den Frauen und den Kindern zu Hause zurückbleiben würde.

„Ich werde Frankreich genauso gut dienen wie jeder von euch", sagte er trotzig. "Ich werde einen Weg finden." Aber seine Stimme blieb im allgemeinen Trubel und Lärm unbeachtet, und Madame Nolan, die einzige Person, die ihn anscheinend hörte, schniefte verächtlich.

Männer, die für verschiedene Regimenter bestimmt waren, verabschiedeten sich voneinander; Georges Simon, der Schmied, scherzte mit dem Arm um die Taille seiner Verlobten mit Madame Nolan, die hinter ihrer kleinen Zinktheke umher eilte; Bei jedem Weggang wurde die Tür geräuschvoll zugeschlagen – und Jules Lemaire saß unbeachtet in der Ecke neben der alten Uhr.

Und als es im Wohnzimmer still war und Madame Nolan ihre Tränen mit ihrer schmutzigen Schürze abwischte, schlich der Ex-Sergeant leise auf die Straße und humpelte zu seinem Cottage. Er hob seine Hand und nahm sein altes Chassepot-Gewehr von der Wand, wo es so viele Jahre gehangen hatte, und während die anderen Bewohner jubelnd, weinend und lachend die Straße bevölkerten, saß Jules Lemaire mit seinem Gewehr in den Händen und einem Stapel Patronen vor sich an seinem kleinen Holztisch.

„Es wird einen Weg geben", murmelte er. „Ich werde meinem Land helfen. Es wird einen Weg geben."

Die grauen Eindringlinge fegten weiter durch das Dorf, und Jules Lemaire sah von seinem Versteck auf dem Kirchturm aus zu, wie sie mit Tränen ohnmächtiger Wut auf den Wangen kamen. Ein Bataillon nach dem anderen zogen sie vorbei – große, selbstbewusste Deutsche, die die Bauern verhöhnten und sangen, während sie über das *Pavé stapften* . Als einmal eine Kompanie unter ihm stehen blieb, während die Offiziere zum Faisan d'Or auf der anderen Straßenseite gingen, um zu sehen, was sie an Getränken erbeuten könnten, zielte der Ex-Sergeant vorsichtig auf den Hauptmann, aber er schlug zu legte sein Gewehr nieder, ohne zu schießen.

Endlich, am späten Nachmittag, als die Dämmerung die südlichen Hügel zu verbergen begann, hatte Jules Lemaires Warten ein Ende. Vor dem Gasthaus hielt ein großer Wagen, und ein General stieg mit drei Offizieren seines Stabes auf die Straße aus. Einer der Offiziere breitete eine Karte auf der alten Türbank aus – wo Jules Lemaire so oft des Abends gesessen und von seinen Abenteuern im Krieg erzählt hatte – und während ein Ordonnanzbeamter ging, um Wein für sie zu besorgen, beugten sich die vier Deutschen darüber Plan des Landes, das sie erobern wollten.

Plötzlich ertönte ein Schuss vom Kirchturm über ihnen. Der General fiel nach vorn auf die Bank, während sich sein Blut und sein Wein in einem färbenden Strahl vermischten, der über die Karte des unbesiegbaren Frankreichs lief und auf den Staub darunter tropfte.

Sie trafen Jules Lemaire, der die Wendeltreppe des Kirchturms herunterkam, das Gewehr immer noch in der Hand. Sie schlugen mit ihren Gewehrkolben auf ihn ein, fesselten ihn mit einem Teil des Glockenseils und lehnten ihn an die Kirchenwand.

Kurz bevor sie feuerten, erblickte Jules Lemaire Madame Nolan, die erschrocken und weinend am Eingang des Gasthauses stand.

„Sehen Sie", rief er ihr zu, „ich habe auch meinem Land geholfen. Ich war doch noch nicht zu alt."

Und er starb mit einem Lächeln im Gesicht.

XXII

DAS SING-SONG

Sobald das Bataillon im ersten Morgenlicht aus den Schützengräben ins Dorf zurückmarschiert, beschäftigt sich jeder mit Methoden, die dazu beitragen, dass die wenigen Tage der Ruhe ebenso angenehm verlaufen wie der Krieg und die begrenzten Vergnügungen, die zwei Estaminets bieten eine Reihe von Hütten wird es erlauben.

"Chacun son goût." Während er die Straße entlangstapft, fordert der Sergeant Major der B-Kompanie Corporal Rogers für den nächsten Tag zu einem Boxkampf heraus; Second Lieutenant White, der noch neu im Krieg ist, sitzt in seinem Quartier und ermittelt im Licht einer in einer Flasche steckenden Kerze die Entfernung zur nächsten Stadt für die unwahrscheinliche Möglichkeit, sie zu besuchen; der Arzt fragt seine neue Vermieterin in dem abscheulichsten Französisch, wo er ein geeignetes Feld für "le football" finden kann; und Private Wilson, während er auf dem Boden "einnickt", erklärt Private Jones schläfrig, dass er am Nachmittag durstig sein werde und dass Private Jones ihm seit jenem Tag in Ouderdom vor drei Wochen einen Drink schulde.

Neben solchen Möglichkeiten, sich die Zeit zu vertreiben, gibt es auch ein Bad in den großen Brauereibottichen des Dorfes, ein unternehmensübergreifendes Hockeyturnier, bei dem statt eines Balls eine Tickler's-Marmeladendose gespielt wird, und das Beste von allem , da ist das „Singen".

Sei es in einem Graben, in einer Scheune oder draußen auf den offenen Feldern, wo das Bataillon unter Reihen wasserfester Planen biwakiert, die als unzureichende Zelte aufgereiht sind, der Singsang ist des Erfolgs gewiss, und ein Mann mit einer Stimme wie einem Die Mähmaschine wird in Covent Garden genauso gut ankommen wie Caruso oder Melba. Es gibt ein französisches Territorialregiment, das am Eingang seiner „Musikhalle" einen Aushang angebracht hat: „Entrée pour Messieurs les Poilus. Prix un sourire." Eintritt ein Lächeln! Es gibt nie einen Mann, der sich von seinen Türen abwendet, denn wo ist der „Poilu" oder wo ist der „Tommy", der nicht immer mit einem Lächeln, einem Lachen und einem Lied bereit ist?

Es gibt kleine Ereignisse im Leben, die sich tief in die Erinnerung einprägen. Von all den Singsongs, die ich besucht habe, ist eines noch immer lebendig – der Pinsel der Zeit hat die Umrisse und Kanten der anderen weggewaschen.

Ich erinnere mich, dass wir auf Elizas Farm untergebracht waren – Eliza, zum Wohle derer, die sie nicht kennen, ist blond, fett, fünfzig und flämisch; eine Dame, die jeden auf der Farm um fünf Uhr morgens durch einen

einfachen Schritt aus dem Bett wachrüttelt – als der Kapitän entschied, dass
wir „aus uns selbst herauskommen“ wollten. „Wir werden ein Lied singen“,
kündigte er an.

Also wurde der Kompaniefeldwebel gerufen, um alles vorzubereiten, und um
acht Uhr abends schlenderten wir ins Orchesterparkett. Der Konzertsaal war
eine große Scheune mit einer Doppeltür in der Mitte, die weit geöffnet war,
damit ein Karren hineinpasste, der im Eingang als Bühne diente. Rund um
die hohe Scheune und unsicher auf den Balken sitzend, saßen die Männer,
während wir vom Orchesterparkett auf Stühlen in der Nähe der Bühne
untergebracht waren. Hinter dem Karren befand sich ein Hintergrund
bestehend aus Eliza und ihren zahlreichen Freunden, ihrer Tochter, einer
alten Dame im Alter von etwa hundert Jahren und einer Kuh, die überhaupt
kein Recht hatte, dort zu sein, sondern von der nächsten Weide
hergekommen war, um sich die Show anzusehen. Eine Orchesterbegleitung
wurde selbst während der traurigsten Rezitation von Dutzenden kleiner
Schweinchen aufrechterhalten, die auf dem Hof und unter der Bühne
herumkrabbelten. Und hinter dem Bauernhof schwankten die hohen
Pappeln entlang der Straße, die geradewegs in die Ferne führte, aus der
plötzliche Lichtblitze und das lange, dumpfe Grollen der Gewehre
herüberdrangen.

An das Programm selbst habe ich nur die vage Erinnerung, denn die
Programme sind der am wenigsten interessante Teil dieser Aufführungen.
Ich erinnere mich, dass das erste Stück ein schrecklich sentimentales Lied
von Private Higgs war, das sich zufällig von einem relativen Misserfolg in
einen überwältigenden Erfolg verwandelte. Gerade als er die ergreifendste
Passage vortrug, trat Private Higgs zu weit zurück, der Wagen – der
zweirädrige Wagen – geriet aus dem Gleichgewicht, und der traurige Sänger
wurde zur großen Freude der Menge zwischen den kleinen Schweinchen
unten abgesetzt.

Dann kam ein Humorist aus Cockney, der in Friedenszeiten Besitzer eines
Frittierten-Fisch-und-Chips-Ladens im East End war, der Heimat niederer
Komiker. Nach ihm erschien Sergeant Andrews, verkleidet in einem von
Elizas ausrangierten Röcken und mit einer Strohsträhne auf dem Kopf, die
das Haar einer Dame darstellen sollte. Er sang ein vulgäres Lied mit schriller
Falsettstimme, das bei den Schweinen, die noch nicht an die Launen des
britischen Soldaten gewöhnt waren, große Bestürzung hervorrief.

Nach der Pause, während der das Publikum *en masse* zu Elizas Hintertür
pilgerte, um Bier für einen Penny das Glas zu kaufen, kam es zur üblichen
Mischung aus Vulgärem und Sentimentalität, denn nichts auf der Welt ist
sentimentaler als ein Soldat. Es gab das unvermeidliche „Schöne Bild in
einem schönen goldenen Rahmen“ und eine Rezitation auf Jiddisch, die

großen Beifall erhielt, einfach weil niemand eine Ahnung hatte, worum es ging. Der Sergeant Major gab eine sehr anerkennenswerte Interpretation von „Loch Lomond" mit einer Stimme, die einen Rekruten in Angst und Schrecken versetzt hätte, und wir beendeten den Abend mit einem Lied, in dem wir einen gewissen unartigen Jungen aufforderten, seine Hand auszustrecken, was von allen mit so viel Nachdruck gesungen wurde, dass man sich fragte, wie die Männer noch „God save the King" singen konnten, als die Zeit gekommen war.

Und bis tief in die Nacht, als der Hof still und gespenstisch dalag und die Schweine zu Bett gegangen waren, saßen wir noch immer in der Offiziersmesse und unterhielten uns, erinnerten uns an Witze von George Robey und Harry Tate oder summten die Melodien, die wir beim letzten Konzert in der Queen's Hall gehört hatten. Wie der Kapitän gesagt hatte, wollten wir „aus uns herauskommen", und dazu war nur ein improvisiertes Konzert in einer alten flämischen Scheune nötig gewesen.

XXIII

Die „Strafe", die fehlschlug

Es gibt eine bestimmte Batterie in Frankreich, bei der der Name Archibald Smith auf jeder Stirn einen finsteren Blick und auf jeder Lippe einen Fluch hervorruft. Der Batteriemajor brennt immer noch vor Zorn, wenn er an ihn denkt, und der beobachtende Offizier erinnert sich bitter an die langen, unbequemen Stunden, die er etwa hundert Meter von den deutschen Linien entfernt auf einem Baum verbracht hat. Und so verursachte Archibald Smith unwissentlich so viel Ärger in der Batterie und rettete so manches deutsche Leben.

Eines Morgens, kurz vor Tagesanbruch, watete der Kommandeur eines Infanterieregiments durch einen Verbindungsgraben, als er einen Artillerieoffizier traf, begleitet von drei Männern mit einer großen Rolle Telefonkabel.

„Hallo, was machst du um diese Zeit?" er hat gefragt.

„Wir hoffen, ein paar gute Angriffe durchführen zu können, Sir", sagte der Subalterne. „Ich komme hoch, um zuzusehen. Irgendein Flugzeugkamerad hat herausgefunden, dass Bruder Boche seine Ablösung tagsüber in den Schützengräben gegenüber durchführt. Wir hoffen, die Ablösung heute um zehn zu erleben."

„Von wo aus werden Sie beobachten?"

„In einem der Bäume direkt hinter euren Schützengräben steht ein alter Scharfschützenposten. Wenn ich dort vor Tagesanbruch ankomme, habe ich einen tollen Ausblick und werde wahrscheinlich nicht entdeckt. Deshalb gehe ich jetzt dorthin, bevor es hell wird wird hell.

„Nun, wirst du bis zehn Uhr auf diesem verdammten Platz bleiben?" fragte der CO: „Du kommst besser zuerst und frühstückst mit uns."

Aber der Beobachter wusste, dass er so schnell wie möglich zu seinem Posten kommen musste, und widerwillig lehnte er die Einladung des Obersten ab und machte sich auf den Weg. Zehn Minuten später lag er in voller Länge auf einer Plattform, die in einem der Bäume direkt hinter der Schusslinie errichtet worden war. Mit Hilfe seiner Brille suchte er die deutschen Sandsäcke ab und erkannte im zunehmenden Licht einen breiten, sich nach hinten windenden Verbindungsgraben. „Sobald sie in der Gosse sind", murmelte er, „werden wir viele davon bekommen", und er ließ zu, dass dieser Gedanke ihn während seines langen Wartens stärkte.

„Ganz sicher, dass das Telefon in Ordnung ist?" fragte den Beobachter zum fünfzigsten Mal. „Wenn dieser Draht kaputt gehen würde, hätten wir keine Möglichkeit, an die Batterie zu gelangen, denn die Infanterie kann nur weiterkommen, indem sie zuerst das Brigadehauptquartier anruft, und Sie wissen, was das bedeutet."

Der Telefonpfleger, der in einem Graben fast unter dem Baum des Beobachters saß, lächelte tröstend. „Das ist schon in Ordnung, Sir", sagte er. „Ich kann die Batterie in einer Sekunde anrufen, wenn die anderen kommen, wie sie es in einer Minute tun sollten."

Er hatte kaum gesprochen, als sie kamen. Der Unteroffizier konnte sie ganz deutlich an den Biegungen des Grabens sehen, und zu anderen Zeiten zeigte sich ein Kopf oder ein Gewehr. „Gott!", sagte der Unteroffizier, „wenn wir diesen Graben mit Granatsplittern durchsuchen, müssen wir haufenweise davon finden", und er gab einen hastigen Befehl. Zitternd vor Aufregung wartete er auf die Meldung „Gerade geschossen, Sir", aber nichts geschah. Der Ordonnanzoffizier rief und rief die Batterie, aber es kam keine Antwort. Der Draht war durchtrennt!

Eine halbe Stunde später traf der Batteriemajor auf seinen Beobachtungsoffizier und einen Sergeant, die düster auf die beiden Enden des durchgeschnittenen Drahtes starrten.

„Ich wollte gerade nachsehen, was los ist. Ich habe von der Brigade gehört, dass irgendein schlauer Idiot unseren Draht durchtrennt hat. Wer zum Teufel war das?"

„Ich weiß es nicht, Sir. Ich weiß nur, dass ich ein wunderbares Ziel gesehen habe und keine Kugel darauf abfeuern konnte. Die Ablösung ist inzwischen vorbei, und wenn wir diesen Sektor heute Abend verlassen, werden wir „Ich habe eine unbezahlbare Chance verloren."

„Es muss irgendein elender Infanterie-Pöbel sein", sagte der Major. „Ich gehe einfach und rede mit ihrem Kommandeur", und er eilte zum Unterstand des Colonels und überließ es dem Beobachter, sein verlorenes Ziel zu beklagen.

Der CO lächelte beruhigend. „Mein lieber Wilson", sagte er zum Major, „ich glaube nicht, dass es einer unserer Männer gewesen sein könnte. Sie wurden so oft gewarnt. Was sagen Sie, Richards?" fragte er den Adjutanten.

„Nun, Sir, ich bin nicht sicher. Ich habe den jungen Smith vor etwa einer halben Stunde mit einem Draht gesehen, aber ich glaube nicht, dass er es getan hat. Ich werde nach ihm schicken, um sicherzugehen."

Leutnant Archibald Smith sah auf jeden Fall harmlos aus. Er war dünn und hatte Sommersprossen, und seine großen blauen Augen blickten flehend durch die Brille.

„Woher haben Sie das Telegramm, das Sie gerade hatten?", fragte der Adjutant.

Smith strahlte. „Ich habe es gleich hinter dem Wald gefunden, Sir. Da ist viel altes Drahtgeflecht …", aber der Major unterbrach ihn. „Das ist der Ort", rief er aufgeregt. „Also, warum zum Teufel haben Sie meinen Draht durchgeschnitten?"

Archibald Smith sah ihn in alarmierter Faszination an. „Ich dachte, es wäre nicht gut, Sir. Ich wollte eine Schnur und …"

„Wofür wolltest du eine Schnur? Wolltest du dich an das Dach deines Unterstandes hängen?"

„Nein, Sir. Ich wollte ein P-Paket einpacken, um es nach Hause zu schicken, Sir. Ich wollte ein paar Socken und Unterwäsche zum Stopfen zurückschicken. Es tut mir sehr leid, Sir."

„Tut mir leid? Verdammt, und deine Unterwäsche auch!" Und der Batteriemajor, der über mehr Schimpfwörter verfügte als die meisten Männer in der Armee, vergaß ausnahmsweise, dass er sich in der Gegenwart eines höheren Offiziers befand.

Während der Major, sein Unteroffizier und drei Männer mit einer Drahtrolle den traurigen Weg zurück zur Batterie suchten, saß Archibald Smith überrascht und verletzt in seinem Unterstand und vergnügte sich damit, heftige Bajonettstöße auf sein Paket auszuführen abwechselnd wünschte er, es wäre der Major oder er selbst.

XXIV

DIE NACHTLICHE RUNDE

Ich schwöre und reibe mir die Augen.

„Dämmerung, Sir", sagt der Sergeant-Major mit einem verständnisvollen Lächeln und lässt die wasserdichte Plane fallen, die als Tür zu meinem Unterstand dient. Ich gähne ausgiebig, stehe langsam von meinem Bett auf – einer von zwei Erdbänken, die parallel an beiden Seiten meiner schlammigen Hütte verlaufen, eher nach der Art von Sitzen an beiden Seiten eines Omnibusses – und gehe hinaus in den Graben, an dem ich entlanggehe Der Befehl „Zu den Waffen stehen" wurde gerade erteilt. Die Männer hinterlassen ihre Briefe und ihre Zeitungen; Private Webb, der in Friedenszeiten seinen Lebensunterhalt damit verdiente, dass er für Modekataloge dünne, langgestreckte Damen in verschiedenen Stadien ihrer Entkleidung zeichnete, legt sein Porträt des Sergeanten beiseite, der immer noch voller Ekstase über eine Dose mit Chlorkalk lächelt; Die hartnäckigen Schläfer werden durch eine Flut von Schimpfwörtern geweckt und alle stehen zu ihren Waffen, weil die Möglichkeit eines Angriffs besteht.

Diese Stunde des Wartens bis zur Dunkelheit ist eine eintönige Zeit, denn in den Schützengräben ist Klatsch rar, und das Feuerwerk in Form deutscher Leuchtgranaten interessiert uns schon lange nicht mehr – außer in den Augenblicken, in denen wir vor unserem Schützengraben auf Patrouille sind. Weiter links, wo die Artillerie den ganzen Tag beschäftigt war, lässt der Beschuss mit dem schwindenden Licht nach, und die Gewehrschüsse werden immer häufiger. Bald werden zusätzliche Wachen aufgestellt – jeder Dritte –, die angewiderten Arbeitstrupps werden zu ihrer Arbeit abkommandiert, Sandsäcke zu füllen oder die Verbindungsgräben zu verbessern, und die lange, anstrengende Nacht beginnt.

Überall entlang der Linie wirbeln die deutschen Kugeln über uns hinweg oder schlagen wie Peitschenhiebe gegen unsere Sandsäcke und schleudern kleine Erdklumpen in den Graben; Auf der ganzen Linie stehen wir auf unseren Schießplattformen und antworten auf die kleinen Flammenstrahlen, die den feindlichen Graben markieren. Plötzliche Blitze und Explosionen kündigen Bomben oder Granaten an, und Sterngranaten von beiden Seiten fliegen hoch in die Luft, um den Unvorsichtigen als Silhouette darzustellen und einem etwas zu geben, auf das man schießen kann, wenn man in die Dunkelheit feuert und die Wahrscheinlichkeit hat, nichts Gefährlicheres als einen Baum zu treffen oder ein Sandsack ist eine Arbeit, die aber wenig interessant ist.

Ich gehe meinen Rundgang und sehe, dass alle Wachen in Alarmbereitschaft sind. Plötzlich stolpere ich fast über einen Mann, der mit dem Gesicht nach unten auf dem Boden des Grabens liegt. „Hier kann man nicht schlafen, wissen Sie. Sie geben niemandem eine Chance vorbeizukommen", sage ich, und als Antwort wird mir gesagt, ich solle „die Klappe halten", während mich ein unterdrücktes, aber immer noch hörbares Kichern von Private Harris warnt, dass die Situation nicht so ist, wie ich sie mir vorgestellt hatte. Die Gestalt im Schlamm steht auf und erweist sich als ein Pionieroffizier, der auf Minengeräusche unter uns lauscht. „Ich glaube, sie sind wieder dabei, aber ich bin mir noch nicht sicher", sagt er fröhlich, als er zu seinem eigenen Unterstand geht. Ich lege mich wiederum in den Schlamm und drücke mein Ohr auf den Boden. Tief unter mir scheine ich das Rumpeln der Wagen und das Geräusch der Spitzhacke zu hören, sodass ich für den Rest der Nacht in der unbehaglichen Erwartung stecke, jeden Moment himmelwärts zu fliegen.

Ein Stimmengewirr, das mich erreicht, als ich von einem Besuch bei einer Arbeitsgruppe zurückkomme, teilt mir mit, dass das eine große Ereignis der Nacht stattgefunden hat – die Rationen und die Post sind eingetroffen und wurden von der Transportgruppe in einer „Ablage" „entsorgt". kleiner Seitengraben. Bevor ich die Stelle erreiche, eilt ein Mann auf mich zu. „Bitte, Sir", sagt er, „der junge Denham wurde von einer Gewehrgranate getroffen. Es geht ihm sehr schlecht." Gerade als ich am Seitengraben vorbeikomme, höre ich den Sergeant, der die Briefe ausgibt, rufen: „Denham. Ein Brief für den jungen Denham", und jemand sagt: „Ich bringe ihn ihm, Sergeant, er ist in meiner Abteilung." "
Aber der Brief kam zu spät, denn als ich das andere Ende des Grabens erreiche, ist Denham tot, und ein Korporal durchsucht sorgfältig seine Taschen nach Briefen und Geld, um es dem Zugführer zu übergeben. Sie haben ihn zum Feuerplatz getragen, um Licht zu bekommen, und die Flammen spiegeln sich auf der weißen Haut seines Halses, wo seine Tunika aufgerissen ist, und auf dem Verband, der ihm roh umgebunden ist, ist ein hässlicher schwarzer Fleck. Nur ein Mann unter Millionen, das stimmt, aber ein weiterer Brief, der nach Hause geschickt wird, mit dem schrecklichen „Getötet" darauf geschrieben, und eine weitere Mutter, die um ihr einziges Kind trauert.
Und so rückt die Nacht näher. Jetzt herrscht Ruhe, und die Wachposten, die auf den Feuerplattformen stehen, lassen im Schlaf ihre schweren Lider fallen; Jetzt läuft ein plötzlicher heftiger Feuerstoß die Linie entlang, und jeder greift zu seinem Gewehr, während Sterngranaten zu Dutzenden hochgehen; Jetzt verkündet ein gewaltiges Grollen aus der Ferne, dass eine Mine abgefeuert wurde, und wir fragen uns dumpf, wer sie abgefeuert hat und wie viele getötet wurden – dumpf nur, denn der Tod hat für uns und unsere Erkenntniskraft längst nichts mehr bedeutet und Mitleid, Gott sei Dank! wurden abgestumpft, bis die einzigen Dinge, die zählten, Essen und Schlafen waren. Endlich wird erneut der Befehl gegeben, sich zu den Waffen zu schwingen, und der neue Tag kriecht traurig über die Ebene von Flandern. Was wie eine große, flehend zum Himmel ausgestreckte Hand aussah, wird zu einem

zerschmetterten, zerbrochenen Baum; der einheitliche graue Schleier weicht Gras und leeren Dosen, grotesk zusammengekauerten Leichen und den gewundenen Linien deutscher Schützengräben. Der Himmel wird blassblau, und die Sonne lugt hervor und glitzert auf den Regentropfen, die noch immer an unserem Stacheldraht hängen, und auf der langen Reihe von Bajonetten entlang des Schützengrabens.

Der neue Tag ist da, aber was wird er bringen? Die Monotonie könnte durch einen Angriff unterbrochen werden, das Bataillon könnte abgelöst werden. Wer weiß? Wen kümmert es? Genug, dass es Tageslicht gibt und die Sonne scheint, dass Periskope und Schlaf wieder erlaubt sind, dass das Frühstück zur Hand ist und dass wir eines Tages wieder ins Quartier zurückkehren werden.

XXV

JOHN WILLIAMS, LANGWEILER UND SOLDAT

An einem nassen und freudlosen Abend im September 1914 saß der Landstreicher John Williams in der Bar des Golden Lion und blickte bedauernd auf den Krug vor ihm, der zwangsläufig leer bleiben musste, da er gerade seinen letzten Penny ausgegeben hatte. Zu ihm kam ein Rekrutierungssergeant.

„Möchtest du etwas trinken, Kumpel?" er hat gefragt.

John Williams zögerte nicht.

„Sie sollten in der Armee sein", sagte der Sergeant, als er seinen leeren Krug abstellte, „ein toller Mann wie Sie. Es ist das beste Leben, das es gibt."

„Ich bin nicht so sicher, wie ich ein Sojer sein möchte. Ich bin ein unabhängiger Mann."

„Für einen gesunden Mann ist es ein gutes Leben", fuhr der Sergeant fort. „Wir reden darüber", und er bestellte für jeden ein weiteres Getränk.

John Williams, der schon mehr als genug hatte, bevor der Sergeant mit ihm gesprochen hatte, blickte seinen neuen Bekannten mit trübem Blick an. „Du scheinst wirklich eine Menge Geld zum Ausgeben zu haben."

Der Sergeant lachte. „Das ist Armeesold, Kumpel, und das ist es auch. Ich habe ein schönes, bequemes Leben, gute Kleidung und Essen und jede Menge Geld für mein Glas Bier. Wo hast du letzte Nacht geschlafen?", fragte er plötzlich.

„Wenn ich mich recht entsinne", sagte John Williams, „war es in einer undichten Scheune, auf der anderen Seite der Newton Road."

„Wo werden Sie heute Nacht schlafen?", fragte der Sergeant erneut.

Williams erinnerte sich an seine leere Tasche. „Ich weiß nicht", sagte er bedauernd. „Wahrscheinlich auf einer Bank im Park."

„Nun, wenn du mitkommst, bekommst du eine gemütliche Baracke zum Schlafen, ein Leben, wie du willst, und einen Cent pro Tag, den du für dich selbst ausgeben kannst."

John Williams lauschte dem Tropfen des Regens draußen. Für sein verwirrtes Gehirn war der Gedanke an eine „bequeme Baracke" sehr, sehr verlockend. „Gib mir die Schuld, wenn ich nicht mitkomme", sagte er schließlich.

In Kriegszeiten ist eine ärztliche Untersuchung schnell abgeschlossen und ein Attest ausgefüllt. „Mit Ihnen ist nichts falsch, mein Mann", sagte der Amtsarzt, „außer dass Sie halb betrunken sind."

„Ich bin nicht betrunken, Mister", protestierte Williams schläfrig.

„Wir nehmen Sie jedenfalls beim Wort", sagte der Arzt. „Sie sind körperlich ein zu guter Mann, um für die Armee zu verlieren."

So nahm John Williams den Königsschilling und schwor, seinem Land so zu dienen, wie es sich für einen Soldaten gehörte.

Eines der wunderbarsten Dinge an der britischen Armee ist die Art und Weise, wie Rekruten nach und nach zu Soldaten geformt werden. An unseren verschiedenen Fronten kämpfen Tausende von Männern, die vor einem Jahr den Gedanken an Disziplin und Ordnung hassten; heute gehören sie zu den besten Soldaten, die wir haben. Aber es gibt Ausnahmen – Private John Williams war eine davon. In etwas mehr als einem Jahr Militärdienst hatte er nicht weniger als elf Mal unerlaubt gefehlt, und die verschiedenen Strafen, die ihm auferlegt wurden, konnten ihm seine Gewohnheit nicht abgewöhnen. In jeder Hinsicht, bis auf eine, war er ein guter Soldat, aber so sehr sie sich auch bemühte, die Armee konnte ihm nicht die Torheit wiederholter Desertion klarmachen; das Leben in der Armee ist nicht das richtige für einen Mann, der den Wanderdurst von Jahrhunderten im Blut hat. Williams hatte die ganze Liebe des Zigeuners zum Wandern und zur Einsamkeit, und nicht einmal die Androhung der Todesstrafe kann einen Mann davon heilen.

So kam es, dass John Williams an einem Septemberabend vor seinem Quartier saß und die weiße Kreidestraße betrachtete, die über den Hügel nach Amiens führte. Nach dem flachen und kultivierten Land Flanderns riefen die sanften Hügel mit beispielloser Dringlichkeit, und die Vorstellung, die verbleibenden zwei Tage, bevor das Bataillon in die Schützengräben zurückkehrte, zusammen mit sechzig anderen Männern in einer Scheune zu verbringen, wurde immer abscheulicher. Wenn er auch nur für vierundzwanzig Stunden wegginge, würde er bei seiner Rückkehr wahrscheinlich nicht mehr als ein paar Tage Feldstrafe erhalten, was schließlich gar nicht so schlimm war, wenn man sich daran gewöhnt hatte. Er hatte das Leben eines Soldaten satt, hatte es satt, Offizieren zu gehorchen, die halb so alt waren wie er, hatte es satt, Befehle zu erhalten, Dinge zu tun, die ihm sinnlos erschienen; für vierundzwanzig Stunden würde er all dem entfliehen.

John Williams ging mit Hilfe von fünfzig Centimes und einer wunderbaren Lingua Franca zum einzigen Laden im Dorf, um Lebensmittel zu kaufen, und als seine Gefährten an diesem Abend ihre Unterkunft abholten, war er bereits weit weg auf offener Straße. Er ging schnell durch den stillen Septemberabend, und während er ging, sang er, und der Wald hallte von den seltsamen Liedern wider, die Zigeuner vor sich hinsingen, wenn sie nachts um ihre Feuer hocken. Als er endlich anhielt, fand er bald Schlaf und lag zusammengekauert in seinem Mantel am Fuße einer Pappel, bis ihn die Morgendämmerung weckte.

Den ganzen Sommertag über wanderte er, sein Roma-Blut singte in seinen Adern, als er den Rasen unter seinen Füßen spürte, und am Abend schlenderte er zufrieden durch das Dorf zu seiner Unterkunft. Plötzlich fragte ein Posten: „Alt! Wer geht da hin?"

„Downshires", kam die Antwort.

„Na, was zum Teufel machst du hier?"

„Ich gehe zurück zu meinem Regiment."

„Nun, Ihr Regiment ist in den Schützengräben. Sie haben uns plötzlich wie letzte Nacht abgelöst, weil wir zerstückelt wurden. Sehen Sie, die Deutschen haben uns angegriffen und viele unserer Leute getötet, bevor wir sie wieder vertrieben haben, also die Downshires „Es ist so spät, dass sie herkommen und uns ablösen. Irgendwann gegen elf Uhr müssen sie hier abgereist sein." fragte er scherzhaft. „Bist du ein verdammter Deserteur, der verhaftet werden will?" Aber er stellte die Frage ins Leere, denn Williams ging mit gleichmäßigem Tempo zurück.

„Mir scheint, dieser Kerl wird sich in Schwierigkeiten bringen", sagte der Wachposten der Westfords und spuckte angewidert aus. Dann vergaß er alles und begann sich zu fragen, wie die Bar von Horse and Plough im Moment aussehen musste.

John Williams wusste, dass er seine Boote verbrannt hatte, und wurde ernsthaft zum Deserteur. Mehrere Wochen lang blieb er auf freiem Fuß, und mit jedem Tag fiel ihm der Gedanke, sich selbst aufzugeben, immer schwerer. Doch schließlich wurde er aus den vielen Männern, die hinter der Schusslinie umherwanderten, herausgegriffen und unter eine Bewachung gestellt, die eine Hoffnung auf Flucht unmöglich machte. Nicht einmal der Wanderdurst in seinem Zigeunerblut konnte ihn wieder auf die breite Kreidestraße setzen oder ihm eine weitere Nacht der Freiheit schenken.

"Er könnte eine lange Gefängnisstrafe bekommen, nicht wahr, Sir?", fragte das jüngste Mitglied des Kriegsgerichts. "Er konnte nicht wissen, dass sein Regiment plötzlich in die Schützengräben geschickt wurde, als er desertierte. Außerdem war der Mann früher ein Landstreicher, und es muss für einen

Mann, der ein Wanderleben geführt hat, außerordentlich schwer sein, sich an Disziplin zu gewöhnen. Desertieren muss ihm im Blut liegen." Und er errötete leicht, denn er klang sentimental, und in einer Armee im aktiven Dienst ist wenig Platz für Sentimentalität.

Der Präsident des Gerichts war ein Major, der sein warmes Feuer und seine Leinenlaken mochte, die zusammen mit den Elementen Disziplin und Kriegsführung die meisten seiner Gedanken beschäftigten. „Ich fürchte, Sie vergessen“, sagte er ziemlich gereizt, „dass dies das zwölfte Mal ist, dass dieser Mann sich auf den Weg gemacht hat. Ich habe noch nie in meinem Leben von einem solchen Fall gehört. Außerdem wurde er bei dieser Gelegenheit vor den Downshires gewarnt.“ Er befand sich in den Schützengräben bei der Wache der Westfords, und anstatt sich zu ergeben, drehte er sich absichtlich um und rannte weg, damit die Ausrede der Unwissenheit nicht stichhaltig ist. Dass der Mann ein Landstreicher war, ist meiner Meinung nach unhaltbar. Auch keine Entschuldigung – die Armee ist kein Erholungsheim für müde Landstreicher.

Aus Angst, sentimental und unmilitärisch zu wirken, schlug das jüngere Mitglied daher schüchtern das Todesurteil vor, dem die beiden anderen zustimmten.

„Wir müssen an diesen Kerlen ein Exempel statuieren. Es gibt viel zu viele Fälle von Desertion“, sagte der Major, zündete seine Pfeife an und eilte zu seinem Tee.

<hr>

So endete die Karriere von Nr. 1234 Pte. John Williams, früher ein Landstreicher im Westen Englands, unbetrauert und verachtet.

Am Morgen nach seiner Erschießung saß sein Zugführer vor einem Kohlenbecken und sprach mit einem Korporal. „Er ist kein verdammter Verlust, er ist es nicht. Er hat mir zu viel Ärger gemacht, und ich hatte es satt, ihn immer als abwesend melden zu müssen. Das geschieht ihm recht, das sage ich.“

Der Korporal trank seinen Tee aus einer äußerst schmutzigen Feldflasche. „Nun“, sagte er schließlich, „ich hoffe, der arme Teufel findet es dort, wo er hingegangen ist, nicht so warm wie hier. Ich mochte ihn ganz gern, obwohl er etwas freizügig mit seinen Fäusten war und immer wie ein Träumer“, was wahrscheinlich die einzige Anerkennung war, die jemals in Erinnerung an John Williams, Landstreicher und Soldat, geäußert wurde.

Kapitel 26

Das Clearinghaus

Sie packen Ihre Sachen zusammen, strecken sich und gähnen, reiben sich die Augen, um den Schlaf loszuwerden – und hinterlassen nebenbei große schwarze Flecken auf Ihrem ganzen Gesicht –, Sie kämpfen in einem schmutzigen Zweite-Klasse-Waggon, in dem drei weitere Offiziere kämpfen, um in ihre Ausrüstung zu kommen, und wedeln mit den Armen wie mit den Flügeln einer Windmühle. Dann bekommen Sie einen halben Fensterplatz und blicken hinaus, während der Zug um die Außenbezirke der Stadt kriecht, die still und ruhig in der Morgendämmerung liegt. Sie sind an Ihrem Ziel angekommen – Sie sind am Stützpunkt.

Diese malerische Altstadt mit ihren Straßen, die vom Fluss den Hügel hinaufführen, mit ihren schönen Kirchtürmen und eigenartigen alten Häusern ist die große Clearingstelle der britischen Armee. Hier kommen die neuen Truppen an; hier brechen sie zur Front auf; hier werden sie, verwundet und schmutzig, in Motor-Chars-à-bancs und Krankenwagen vom Bahnhof zu den Krankenhäusern gefahren; hier werden sie zum Flussufer hinuntergefahren und zu den Lazarettschiffen weitertransportiert, die nach England fahren.

Und in dieser riesigen Clearingstelle wimmelt es von Soldaten in Khaki. Es gibt Hotels, in denen die Generäle und Stabsoffiziere ihren Tee trinken; es gibt Cafés, in denen sich Unteroffiziere tummeln; es gibt kleine „Débits de Vins", wo „Tommies" hingehen und in „Pidgin"-Englisch erklären, dass sie sich nach einem Glas Bier sehnen. In allen Straßen rumpeln große Lastwagen vorbei, beladen mit geschwärzten Soldaten, die unten am Kai Granaten, Lebensmittel, Heu, Öl und alles, was das britische Expeditionskorps brauchen könnte, ausgeladen haben. Und auf den beiden Hauptverkehrsstraßen strömt am Nachmittag eine unaufhörliche Menschenmenge – Generäle und Soldaten, Franzosen und Franzosinnen, Offiziere, die in den Geschäften nach Annehmlichkeiten suchen, um die Schlange zu überbrücken, Menschen, die sich geschäftig durch die Menge schlängeln, und Menschen, die mit der Strömung dahinschlendern und darauf aus sind, sich so viel Vergnügen und Unterhaltung wie möglich zu schnappen, solange sie die Gelegenheit dazu haben.

Und vor ein paar Jahren lagen diese Straßen noch schläfrig in der Sonne und träumten von längst vergangenen Tagen der Pracht. Auf dem Platz vor der wundervollen Kathedrale herrschte Stille – hier und da flatterte vielleicht eine Taube von den Simsen und Gesimsen der gotischen Fassade herunter; manchmal hob ein unscheinbarer Hund träge den Kopf, um nach den Fliegen zu schnappen; gelegentlich sendeten die Straßen ein nasales Echo zurück, wenn eine Gruppe amerikanischer Touristen mit ihren Baedekern und Karten eilig vorbeikam, um die Stadt zu „erkunden", bevor der nächste Zug nach Paris abfuhr – sonst … nichts.

Jetzt, am frühen Morgen, scheint der Stützpunkt fast in seinen alten Schlaf verfallen zu sein. Die Arbeit des Tages hat noch nicht begonnen, und die ganze Stadt scheint schläfrig zu werden, während die quietschenden Bremsen Ihren Zug zum Stehen bringen. Wenn Sie aus dem Waggon stolpern, scheint die einzige lebende Person im Ort ein Wachposten zu sein, der in der Ferne auf und ab stapft und über ein paar leere Lastwagen und einen riesigen Haufen Strohbündel wacht.

Diese Ankunft am Stützpunkt ist ein wenig enttäuschend, denn es ist nicht einmal ein richtiger Bahnhof in Sicht. Sie wurden wie so viele Schafe oder Kühe in den düsteren Güterbahnhof gebracht und suchen vergeblich nach den Menschen, die da sein sollten, um Sie willkommen zu heißen, Blumen zu werfen und Sie anzufeuern, wenn Sie die erste Station Ihrer großen Odyssee erreichen. Sie schütteln sich jedoch, packen Ihren Koffer aus dem Waggon und gehen auf die Gleise, und mit Ihren letzten Waggongefährten gehen Sie hinüber zum Wachposten und seinen Strohbündeln.

„Können Sie uns sagen, wo der Eisenbahntransportoffizier zu finden ist?", fragen Sie. „Wir haben den Befehl, uns so schnell wie möglich bei ihm zu melden."

„Ja, Sir, sie haben immer solche Befehle, aber Sie werden ihn nicht vor halb zehn finden. Sein Büro ist da drüben in den Gebäuden." Und ein Unteroffizier im Büro gibt Ihnen die gleiche Information – es ist jetzt fünf Uhr, und der RTO, der Ihre Bewegungsbefehle hat, wird erst in viereinhalb Stunden hier sein. „Gehen Sie und sehen Sie sich in der Stadt um", schlägt der Subalterne vor.

Die Idee, sich um fünf Uhr morgens „eine Stadt anzusehen"! Sie schlurfen über die Brücke und wandern die leeren Straßen auf und ab, bis vor Ihnen ein Hotel auftaucht. Sie sind sehr müde und sehr schmutzig und sehr unrasiert. Instinktiv bleiben Sie stehen und tasten Ihr Kinn ab. „Weiß nicht, wann wir wieder baden können", schlägt einer aus der Gruppe vor und geht klingeln. Zehn Minuten lang klingeln Sie, und dann wird die Tür von einem halb bekleideten Portier geöffnet, der ebenfalls sehr müde und sehr schmutzig und sehr unrasiert ist. Er starrt Sie wütend an und winkt Ihnen dann, einzutreten, woraufhin er wegläuft und Sie in einer Halle in Gesellschaft einer Kehrschaufel und eines Besens und einem Stapel Stühle in der Ecke zurücklässt – kein Willkommen und keine Blumen.

Doch plötzlich schlurft es auf der Treppe, und eine dicke, dralle Frau mit fröhlichem Gesicht und offener Bluse am Rücken erscheint. Ach ja, die

Messieurs les Officiers können baden – für zwei Franken, inklusive Handtuch; und sie können frühstücken – für dreieinhalb Franken, inklusive „ze english marmalade" und „un œuf à la coque" (wobei man sich fragt, ob sie ein Hahnenei meint, und wenn ja, was für ein Ding). es kann sein). „Es ist ein schönes Bad", erzählt sie Ihnen, „und immer voller Messieurs les Anglais, die den Krieg ganz vergessen und nur an Bäder und Fußball denken. Nein, es gibt nur ein Bad, aber die Offiziere können warten." „, und sie führt einen aus der Gruppe in die düsteren Korridore und die düsteren Treppen hinauf.

Frühstück und Waschen wirken Wunder, und Sie bleiben immer noch gut gelaunt, als Ihnen der RTO um halb zehn mitteilt, dass Ihr Lager drei Meilen entfernt ist, dass Sie Ihren Koffer tagelang nicht sehen werden, wenn Sie nicht ein „Taxi" nehmen, und dass es in der Stadt nur drei „Taxis" gibt. Sie wandern den ganzen Morgen auf der Suche nach einem umher, finden alle drei zusammen versteckt in einer Seitenstraße, packen Ihre Koffer in einen und kommen gerade rechtzeitig zum Mittagessen im Lager an.

Das Leben auf dem Stützpunkt ist ein seltsames Leben – es ist wie das Leben auf einer „Insel" in einer Londoner Hauptverkehrsstraße, an der auf beiden Seiten der Verkehr vorbeiströmt. Den ganzen Tag lang kommen Männer an, um an die Front zu gehen, den ganzen Tag lang kommen Männer auf dem Weg nach England zurück. Eine Woche lang lebt man auf dieser „Insel", rüstet den ganzen Morgen Männer für den Wehrdienst aus – denn die meisten scheinen auf dem Weg dorthin einen Teil ihrer Ausrüstung ins Meer fallen gelassen zu haben – und sitzt abends in Cafés und trinkt seltsame Mischungen aus Weinen, Sirups und Sodawasser.

Dann, eines Tages, schickt der Colonel nach Ihnen. Sie sind an der Reihe, sich auf die Reise zu begeben, die vielleicht kein Zurück mehr hat. „Sie werden heute Nachmittag mit dem Vier-Uhr-Zug an die Front fahren", sagt er. „Sie werden angewiesen, eine Gruppe von 100 Northshire Highlanders zu leiten, die sich im ‚S' Camp dort drüben befinden", und er winkt vage mit der Hand in Richtung der Schreibmaschine in der Ecke des Raumes.

Dies sind Ihre Anweisungen, und nach einer langen Jagd nach dem „S"-Lager marschieren Sie an der Spitze von hundert Schotten, von denen Sie keinen verstehen können, zum Bahnhof. Am Bahnhof machen Sie eine große Show mit Namensrollen und Bewegungsbefehlen und verpacken Ihre Highlander schließlich sicher in ihren Abteilen unter der strengen Anweisung, den Zug nicht ohne Ihre Befehle zu verlassen.

Jetzt ist es an der Zeit, sich um Ihren eigenen Komfort zu kümmern. Wenn Sie schon einmal „aufgestanden" sind, haben Sie gelernt, dass es klug ist, in die Stadt zu schlendern, um Ihren letzten richtigen Tee zu trinken, und nicht viel vor sechs Uhr zurückzukommen, wenn der Zug schon daran denkt, aus der Stadt herauszukriechen der Bahnhof. Wenn in Ihrer Abwesenheit jemand anderes versucht hat, sich in Ihrem Abteil niederzulassen, sofern sein Rang nicht höher ist als Ihr eigener, beseitigen Sie ihn entweder durch energisches Lügen oder durch den Einsatz von etwas Gewalt. Wenn Sie also Glück haben, ein guter Lügner oder ein muskulöser Mann sind, können Sie die Kutsche für sich, Ihren besonderen Freund, Ihre Ausrüstung und Ihren Proviant behalten (der in Form von Flaschen keinen kleinen Platz einnimmt).

Überall entlang der Linie stehen Kinder, die mit ihren schmutzigen Händen herumfuchteln und in monotoner Wiederholung „Souvenir-Keks, Souvenir-Bully-Biff" rufen, und man wirft ihnen ihre Souvenirs unverzüglich zu, denn niemand zieht in den Krieg, ohne einen reichlichen Vorrat an interessanteren Lebensmitteln dabei zu haben, um seine Stimmung aufrechtzuerhalten. Überall entlang des Zuges sind die Wagentüren entgegen den Befehlen offen und „Tommies", „Jocks" und „Pats" sitzen auf den Trittbrettern und singen, schreien und lachen.

So geht es weiter, bis die Nacht hereinbricht. Dann werden einer nach dem anderen die Wagentüren geschlossen und die Männer beginnen zu schlafen. Hier und da bleibt vielleicht ein Mann wach und fragt sich, was die Zukunft ihm bringen wird, wie es seiner Frau und seinen Kindern ergehen wird, wenn er getötet wird, und wie viele dieser Männer, die in grotesker Haltung um ihn herum herumlungern, jemals wieder zurückkommen werden. Bei Tageslicht vertreibt die Aufregung diese Gedanken – es gibt Lieder zu singen und Sehenswürdigkeiten zu sehen – aber während der Zug durch die Nacht holpert, scheint ein undefinierbares Gefühl der Angst zu herrschen. Wie wird es sein, unter Beschuss zu stehen, zu kämpfen, zu sterben?

Der Morgen bringt wieder Heiterkeit. Es gibt Halt in Boulogne und Calais; Nachrichten müssen von englischen Wachposten und französischen Bahnbeamten eingeholt werden; an einer Stelle liegt ein Zug mit deutschen Gefangenen; es gibt lange Halts an winzigen Bahnhöfen, wo man heißes Wasser bekommt, während der OC-Zug mit dem RTO über das Leben diskutiert; es gibt tausendundein Dinge, die einen daran erinnern, dass man sich im Kriegsgebiet befindet, obwohl das Land friedlich ist, und man sucht vergeblich nach Granattrichtern und zerstörten Häusern.

Endlich ist der Endbahnhof erreicht – von hier aus ist das Grollen der Kanonen zu hören – und der Zug wird ausgeladen. Sie lassen Ihre Highlander neben dem Zug stehen, Sie reißen Ihren Rucksack hin und her, in dem vergeblichen Versuch, ihn bequem hängen zu lassen, eine Pfeife ertönt und Sie beginnen Ihren langen Marsch zu Ihrem Regiment, zu diesen dumpfen, murmelnden Kanonen, zu Ihrem ersten Kriegsgeräusch.

Eine „bequeme" Wunde, eine lange und schmerzhafte Fahrt im Krankenwagen, eine nervenaufreibende Nacht in einem Krankenhaus, wo das Stöhnen der Sterbenden, das Hasten der Pfleger und Ihr eigener Schmerz sich zu einem Alptraum des Grauens vereinen, und am nächsten Morgen sitzen Sie wieder im Zug – Sie fahren zurück zum Stützpunkt. Aber wie sehr unterscheidet sich das von der Fahrt an die Front! Das Geräusch entfernter Schüsse hat nichts von dem Interessanten des Neuen; der Beschuss eines Flugzeugs, der Sie vor kurzem noch mit Aufregung erfüllt hätte, veranlasst Sie jetzt nicht einmal, den Blick zu heben, um zuzusehen; Sie sind alt im Krieg und *blasiert*.

In diesem Zug ist kein Platz für Angst. Sie wird von Schmerz, Apathie und Hoffnung verdrängt. Der Mann neben Ihnen kann keine Woche mehr leben, aber er scheint zufrieden zu sein. Jedenfalls ist es keine Angst, die man in seinem Gesicht sieht. Es gibt keine Angst – es gibt Hoffnung.

Der Zug ist voller Blumen; es gibt Krankenschwestern, Bücher und gut gekochtes Essen – für die wenigen Auserwählten gibt es sogar Champagner. Es gibt nicht mehr das zerstörte Land der Schusslinie, sondern Hügel und Flüsse, das Meer bei Wimereux und die Hoffnung, nach England heimgeschickt zu werden. Es gibt zerstörte Wracks, die einst Menschen waren, es gibt das Wissen um den drohenden Tod, aber vor allem gibt es Hoffnung.

So eilt der Zug weiter – diesmal nicht im Schleichen – zur Clearingstelle, der Base. Er fährt an den kleinen sonnendurchfluteten Dörfern vorbei, und die glitzernde Seine zaubert ein Lächeln auf blasse Gesichter. Dort, schau, dort drüben in der Ferne sind die wunderbaren Kirchtürme und die malerischen Häuser und der Fluss, alles frisch und lachend in der Sonne, und die Bäume oben auf dem Hügel über der Stadt sind alle zartgrün. Selbst wenn man sterben sollte, kann man zuerst nach Hause zurückkehren; auf jeden Fall ist man verschont geblieben, um Gottes reines Land zu sehen und wieder unverdorbene Luft zu atmen.